叢書・ウニベルシタス　959

無知な教師

知性の解放について

ジャック・ランシエール
梶田 裕・堀 容子 訳

法政大学出版局

Jacques RANCIÈRE
LE MAÎTRE IGNORANT

This book is published in Japan
by arrangement with LIBRAIRIE ARTHÈME FAYARD
through le Bureau des Copyrights Français, Tokyo.

目次

凡例

一、本書は Jacques Rancière, *Le maître ignorant : Cinq leçons sur l'émancipation intellectuelle*, Fayard, Paris, 1987 の翻訳である。

一、原文の « » は訳文では「 」とした。

一、原文のイタリック体は、それぞれの強調の性格に応じて、訳文では傍点を付すか、あるいは「 」で括った。

一、原注は数字を（ ）で括り、全体に番号を通した。

一、訳注は数字を〔 〕で括り、本文末尾にまとめて示した。

一、本文中の〔 〕は、訳者による補足および原語の指示に用いた。

原注の書誌情報について

下記の文献は原注に頻出し、そのつど邦題を示すと繁雑なため、あらかじめまとめて邦題と原題の対応を示しておく。

『普遍的教育　外国語』 *Enseignement universel. Langue étrangère*, 2e édition, Paris, 1829.
『普遍的教育　数学』 *Enseignement universel. Mathématiques*, 2e édition, Paris, 1829.
『普遍的教育　音楽』 *Enseignement universel. Musique*, 3e éd. Paris, 1830.
『普遍的教育　母語』 *Enseignement universel. Langue maternelle*, 6e édition, Paris, 1836.
『普遍的教育　法学およびパネカスティック哲学』 *Enseignement universel. Droit et philosophie panécastique*, Paris, 1838.
『普遍的教育　遺作論文集』 *Enseignement universel. Mélanges posthumes*, Paris, 1841.
『パネカスティック哲学』誌 *Journal de philosophie panécastique*, 1838.
『知的解放』誌 *Journal de l'émancipation intellectuelle*.

無知な教師

第一章　ある知的冒険

一八一八年、ルーヴェン大学でフランス文学の講師をしていたジョゼフ・ジャコトは、ある知的冒険を体験した。

とはいえ、彼の長く波乱に富んだ経歴を考えれば、それほど驚くような事態に出くわさなくてもよさそうなものだった。一七八九年に十九歳の誕生日を迎えたときには、ジャコトはディジョンで修辞学を教えていて、弁護士になるための準備中だった。一七九二年には共和国軍の砲兵として軍務についた。その後国民公会の下で次々と弾薬局教官、陸軍大臣秘書官、理工科学校の校長代理を務めた。ディジョンに戻ると、解析、観念学、古典語、純粋数学および超越数学、法学を教えた。同郷人に尊敬されていたために、一八一五年三月には不承不承代議員になった。その後ブルボン家の王政復古により亡命を余儀なくされ、オランダ王の恩恵により半給士官としてこの教師の職を得た。ジョゼフ・ジャコトは歓待の掟をよく分かっており、ルーヴェンで穏やかな日々を送るつもりだった。

だが偶然がそうはさせなかった。控え目な外国人講師の授業は、即座に学生たちの好評を得たからである。しかしその授業で学ぼうとした者のうち、多くはフランス語を解さなかった。一方ジャコトのほうはオランダ語をまったく解さない。つまり、学生が要求することを彼が教えられるような共通の言語がなかったのだ。それでもジャコトは学生たちの要望に応えたいと思った。そのためには、学生たちと自分との間に、何か共通のモノで最小限のつながりを打ち立てなければならなかった。当時ブリュッセルでは『テレマック〔の冒険〕』の原文対訳版が出版されていた。共通のモノは見つかり、テレマックはそのようにしてジョゼフ・ジャコトの人生に入ってきた。彼は通訳を介して学生たちにその書物を渡し、翻訳を参考にしながらフランス語の原文を暗記するように言った。学生たちが第一巻の半分までできたとき、暗記したことは絶えず復唱しなければいけないが、残り半分は物語ることができるように読むだけでいいと通訳に言わせた。それはその場しのぎの解決策だったのだが、しかしまた、小規模とはいえ、啓蒙の世紀に好まれた類いの、哲学的実験の一つでもあった。そしてジャコトは、一八一八年にあっても、変わらず前世紀の人間だったのだ。

とはいえ、実験は彼の予想を超えるものだった。彼はそのように準備をした学生たちに、自分たちが読み取ったものすべてについて考えるところをフランス語で書くように言った。「彼はどうせめちゃくちゃに間違った用法や、ことによると完全な無能ぶりを見せられるのかもしれないと覚悟していた。実際、何の説明も受けていないこの若者たちが、どうやって初めて知る言語を理解し、その難しさを克服できるというのだろう。とにかく、偶然に開かれたこの道が彼らをどこへ導いたのか、このやけくそな経験頼りの方法の結果がどんなものだったかを見なければならない。自分を頼りにするしかない生徒たちが、多くのフランス人がするであろうのと同じくらいにうまくやってのけたのを目の当たりにして、ジャコトはどれほど驚いたことだろう。では、もはや意志さえあればできる、ということなのか。潜在的にはすべての人間に、他の者がなしたこと、理解したことを理解する能力がある、ということなのか[1]」。

これこそ、この偶然行われた実験がジャコトの精神に引き起こした革命だった。それまでは、すべての良心的な教師が信じていることを彼も信じていた。すなわち、教師の主な仕事は、自分の知識を生徒たちに伝授し、彼らを自分の教養に向けて少しずつ引き上げていくことだと信じていた。生徒に知識を詰め込んだり、オウムのように復唱させたりすべきではないことも、かといって本質的なものと付随的なもの、原理と帰結を区別する能力のまだない者が迷ってしまうような、偶然まかせの道は生徒から退けられなければならないことも、他の教師たちと同じように知っていた。要するに、教師にとって本質的な行為とは説明すること、知識から単純な要素を引き出し、その原理

(1) Félix et Victor Ratier, « Enseignement universel. Émancipation intellectuelle »〔フェリックス・ラチエ、ヴィクトル・ラチエ「普遍的教育　知的解放」〕『パネカスティック哲学』誌、一八三八年、p. 155.

上の単純さを、若く無知な精神の特徴である事実上の単純さと調和させることだ。教育するということは、知識を伝授することであると同時に、精神を単純なものから複雑なものへと段階的に前進させて形成することである。そのようにして、生徒は知識を論理的に自分のものにすること、また判断と趣味を形成することに関して、社会における自分の行き先に応じて必要とされるだけの高さに達し、この行き先に見合うようにそれらを利用できるようになるのだ。その行き先とは、教養のある指導者層にとっては教えること、法廷で弁護すること、統治することであり、いまや民衆からの選りすぐりで構成される、新たに時代の最前線に立つ人々にとっては、道具や機械を構想すること、設計すること、製造することであり、特別の天分に恵まれた精神にとっては、科学の道において新しい発見をすることである。科学者たちの足取りは、おそらく教育学者にとっての理に適った秩序とはかなり異なるだろう。しかし、だからといってこの秩序に反するような論拠は何もない。それどころか、天分の特異さが飛躍を遂げるためには、まずしっかりした体系的な教養を身につけなければいけない。コレノ後、シタガッテコレ故ニ〔*Post hoc, ergo propter hoc*〕。

すべてのまじめな教師は以上のように考える。ジョゼフ・ジャコトも、三十年の経歴の間、そのように考え、行動してきた。ところが偶然、砂粒が機械のなかに入りこんだ。彼は「生徒たち」にフランス語の基本的な要素について何の説明も与えなかった。綴りも活用も説明しなかった。彼らは知っている単語に対応するフランス語の単語を独力で探し、その語尾変化の理由をさぐったのだ。そして独力でそれらの単語をつなぎ合わせて、今度は自分でフランス語の文章を作れるようになったのだ。『テレマック』を読み進めるにつれて、彼らの文章の綴りや文法はますます正確になった。しかし際立っていたのは、文章が小学生が書くようなものではなく、作家のような文章だったことだ。教師の説明は無駄だということだろうか。もし無駄でないなら、誰にとって、何のために役に立つのだろう。

説明体制

ジョゼフ・ジャコトの精神に突如としてある閃きが生じ、あらゆる教育体系が盲目的に自明の理としているものを照らし出した。説明の必要性という自明の理を。しかしこの自明の理以上に確実視されているものがあるだろうか。誰でも、自分が理解したこと以外は、本当には知らないものだ。そして理解するためには、誰かから説明を受けていなくてはならない、教師の言葉《パロール》が、教えられる物〔題材＝科目《マチエール》〕の沈黙を破っていなくてはならない。

とはいえ、この論理には依然として不明瞭なところがある。たとえば一冊の書物が生徒の手もとにあるとする。この書物は生徒にある科目を理解させるための一連の論証でできている。ところが、今度はその書物を説明するために話す教師がでてくる。そして彼は書物の論証を説明するための一連の論証を繰り広げる。だがこの書物にはなぜそのような助けが必要なのだろう。説明家に金銭を払う代わりに、一家の父親がただ子供に書物を与えるだけではだめなのだろうか。子供は書物の論証を直接理解することはできないのだろうか。そしてもし理解できないのなら、理解できなかった事柄を説明する論証を、どうしてそれ以上に理解できるだろう。二つ目の論証は性質の異なるものなのか。そうだとすれば、それを理解するための方法をまた説明しなければならなくなるのではないか。

説明の論理は、このように無限背進の原理を含んでいる。理屈《レゾン》の塗り重ねは永遠に終わる理由《レゾン》がない。背進を止め、体系に土台を与えるのは、説明家は説明それ自体が説明されることになる地点を判断するただ一人の者である、ということでしかない。彼は、「生徒は論証の理解を手ほどきする論証を理解したかどうか」という、それ自体目眩のするような問いに判定を下すただ一人の者なのだ。教師が一家の父親を掌握するのはその点である。子供が書物の論証を理解したと、一家の父親はどうして断言できるだろう。一家の父親に欠けているもの、そして彼と子供と書物との三人組《トリオ》にいつになっても欠けたままでいるもの、それは説明家の独特な技法、すなわち距離の技法である。教師の秘密は、教えられる科目と教育すべき主体との距離、また学ぶことと理解することとの距離を、識別できることにある。説明家とは、自分の話す言葉《パロール》のなかで、距離を設けては撤廃し、広げては取り除く者なのだ。

このような話される言葉の特権的な地位によって無限背進が解消されるとしても、それは一つの逆説的な序列《ヒエラルキー》を設けることにしかならない。というのも説明体制においては、一般に、書かれた説明を説明するために口頭の説明が必要とされるからである。つまり、消えることのない文字で永久に記された書物の中よりも、一瞬で消える教師の話す言葉による方が、論証はより明白で、生徒の精神によりよく刻み込まれるというわけだ。話された言葉の書かれた言葉に対する、聴覚の視覚に対するこの逆説的な特権をどう理解したらいいのだろう。話された言葉の力と教師の力との間には、いったいどんな関係があるのだろう。

この逆説はただちにもう一つの逆説に出会う。子供が一番よく身につける言葉、一番深く意味を理解する言葉、自分自身で使うために最もよく我がものとする言葉は、説明する教師なしに、どんな説明する教師が現れるよりも前に身につける言葉である。さまざまな知的習得の能率は一定ではないが、すべての子供が最もよく身につけるのは、どんな教師も説明できないもの、すなわち母語である。人々は子供に向かって話したり、子供の周りで話したりする。子供はそれを聞いて記憶にとどめ、真似て繰り返して言い、間違っては自分で直し、偶然成功すれば系統立ててもう一回やってみる。そして、説明家が教育に取りかかるには幼すぎるほどの頃に、子供たちはほとんど皆——性別、社会的環境、肌の色にかかわらず——親の使う言語を理解し話せるようになる。

ところが、自分自身の知性によって、また言語の説明をするわけではない教師たちによって話すことを学んだこの子供が、厳密な意味での教育を始めるとする。すると今度は、あたかもこれまで役立ってきた同じ知性を使っては、もはや学ぶことはできないかのように、学ぶことと学んだかどうかを確かめることとの自律的な関係は、彼には今後無縁のものであるかのように、何もかもが進む。学習と確認との間に、いまやある不透明さが打ち立てられる。それは理解することであり、この言葉だけであらゆるものの上にヴェールをかけてしまう。理解することとは、一人の教師の説明なしには、そして後になって理解すべき科目がなんらかの段階的な序列に従って与えられたなら、その科目の分だけいる教師たちの説明なしには、子供にはできないことなのである。おまけに、進歩の時代が始まってからというもの、こうした説明はよりよく説明するために、よりよく理解させるために、よりよく学習の仕方を教えるために、絶えず改善され続けているにもかかわらず、当の理解ということに関しては改善の度合いを決してはかることができないという、奇妙な状況がつけ加わっている。それどころか、説明方式の有効性が継続的に低下しているという痛ましいうわさが流れて絶えず広まり続けると、説明を理解できない人たちにもっと理解のしやすい説明にするための新たなる改善が、当然必要となるわけだ……。

ジョゼフ・ジャコトを捉えた啓示は、説明体制の論理を逆転させなければならぬ、ということに帰着する。説明は理解する能力がないことを直すために必要なのではない。反対に、この無能力こそが、説明家の世界観を構造化する虚構なのだ。無能な者を必要とするのは説明家であってその逆ではない。無能な者を無能な者として作り上げるのは説明家である。何かを誰かに説明するとは、まず第一にその人に向かって、あなたは自分ではそれを理解できないのだと示すことだ。説明は教育者の行為である以前に、教育学の神話、すなわち学識豊かな者と無知な者、成熟した者と未熟な者、有能な者と無能な者、知的な者とばかな者に分かれた世界という寓話である。説明家特有の手管は二重になった開始の身振りから成る。一方で、彼は絶対的な始まりを宣言する。今初めて学習の行為が始まるのだ、と。また一方で、彼は無知というヴェールを学習すべきあらゆるものの上に投げかけ、それを取り去ることを自ら引き受ける。彼に会うまで、子供は手探りで、謎かけ式にやってきた。これからは学習するのだ。これまでは言葉を聞き、それを繰り返し言ってきたが、これからは読まなければならない。単語を聞いて理解するためには音節が聞き取れなければならず、音節が聞き取れるためには文字が聞き取れなければならないからだ。しかしその文字を彼に聞き取らせることができるのは、書物でも両親でもなく、教師の話す言葉だけなのである。先ほど教育学の神話は世界を二つに分けると述べた。より正確には知性を二つに分けると言わねばならない。教育学の神話は、劣った知性と優れた知性があると主張する。劣った知性は、習慣と必要との狭い範囲の中で、行き当たりばったりに感知したものを記録し、記憶に留め、経験に基づいて解釈したり繰り返してみたりする。これは幼い子供や庶民階級の人の知性だ。優れた知性は物事を理性によって認識し、単純なものから複雑なものへ、部分から全体へと、筋道《メソッド》を立てて進める。この知性のおかげで、教師は自分の知識を生徒の知的能力に合わせて伝授し、学んだことを生徒がきちんと理解したかどうか確かめることができる。以上が説明の原理である。これは啓示以降、ジャコトにとっては愚鈍化の原理となる。

　彼の言うことをよく理解しよう。そしてそのためには、ありふれたイメージを追い払わなければならない。愚鈍化する者とは、生徒の頭に消化の悪い知識を詰め込む頭の鈍い旧来の教師でもなければ、自分の権力と社会秩序を守るために裏表のある真実を使い分ける邪悪な者でもない。それどころか、博識で教養があり、善意の者であればあるほど、一層愚鈍化する効力が強いのだ。博識であればあるほど、自分の知と無知な者の無知との距離はより明白であるように思える。そして教養があればあるほど、手探りで進むことと筋道を立てて探究することとの間にある相違は一層明白であるように彼には思えるので、文字を精神に置き換え、書物の権威を説明の明快さに置き換えることに、彼はますます執着するだろう。何よりもまず、生徒が理解しなければならない、そのためには常によりよく説明しなければならない、と彼らは主張するだろう。教養のある教育家は次のように心を配る。「子供は理解しているだろうか。理解していない。彼に説明するための新しい方法を見つけよう、原理はもっと厳密で、形式はもっと興味をそそるような方法を。そしてこの子が理解したかどうか確かめよう」。

気高い心配りである。しかし不幸なことに、まさにこの些細な一語、この教養ある人たちの合言葉——理解する——が、すべての悪の根源なのだ。理性の動きを止め、理性の理性自身への信頼を破壊してしまうのは、そして知性の世界を二つに分割し、手探りで進む動物と教育を受けたお子さんとの間、常識と学識との間に断絶を設けて、理性を本来の道の外に追い出してしまうのは、この理解するという言葉なのだ。二元性を含意するこの合言葉が発せられるや、方法論者と進歩主義者の重大な関心事である、理解させるための手法におけるすべての改善は、愚鈍化における進歩となってしまう。鞭打たれるのを恐れつつたどたどしく読む子供は、鞭に服従し、ただ自分の知性を他のことに使うようになるだけのことだ。しかし説明を受ける子供は、理解するという作業、すなわち人が説明してくれなければ理解できないと理解するという喪の作業に、自らの知性を注ぐことになる。彼が服従するのはもはや鞭にではなく、知性の世界の序列にである。その他のことについては、鞭に服従する子供と同じように穏やかでいられる。問題の答えが難しすぎて見つからないとしても、目を大きく見開くほどの知性は持ち合わせているだろう。教師はよく見ているし忍耐強い。子供がもうついてきていないのに気づき、もう一度説明し直して道に戻すだろう。かくして子供は新しい知性を獲得する。教師の説明による知性である。後になれば今度は彼が説明家になれるだろう。装備はすでに整っている。ただし、それを改善するだろう。要するに進歩人となるだろう。

偶然と意志

説明を受けた説明家たちの世界はそのように進む。もし偶然がある事実に彼を直面させなければ、ジャコト教授にとっても依然としてそのように進んだことだろう。しかしジョゼフ・ジャコトは、あらゆる論証は事実から出発し、事実の前では譲歩しなければならないと考えていた。だからといって、彼が唯物論者だったのだと考えてはいけない。その反対である。歩くことで運動を証明したデカルトのように、そしてまた熱心な王党派でたいそう信心深いジャコトの同時代人、メーヌ・ド・ビランのように、彼は活動しかつ己の活動を自覚している精神の事実を、あらゆる物質的なモノより確かなものとみなしていた。そして問題となっていたのはまさにそのことだった。学生たちは彼の説明の力を借りることなく、フランス語で話したり書いたりすることを自ら習得したというのが事実だった。彼は学生に自分の学識を何ひとつ伝授しなかったし、フランス語の語基や語尾変化についても何も説明しなかった。『エミール』に出てくる家庭教師のように、生徒をよりよく導くために道に迷わせたり、生徒が自分で乗り越えることを習得しなければならない障壁を通り道に巧みに仕掛けたりする、あの改革派の教育家たちのやり方で事を進めさえしなかった。彼は学生たちをフェヌロンの原文と——学校で行うように行間に挿入されているのでさえない——翻訳、そしてフランス語を習得したいという彼らの意志だけにまかせておいたのだ。彼はただ、彼自身出口を知らない森を横断するようにという指示を学生に与えておいたにすぎない。やむを得ない理由から、彼の知性、すなわち書かれた言葉のうちに刻み込まれた知性と弟子の知性とをつなぐ教師の媒介的知性は、完全に蚊帳の外にあらざるをえなかった。と同時に、教育における愚鈍化の原理である架空の距離も消滅した。フランス語をある種の仕方で用いようとしたフェヌロンの知性、オランダ語でその等価物を与えようとした翻訳者の知性、そしてフランス語を習得しようとする弟子の知性の間で、すべてはやむなく演じられた。そして他のいかなる知性も必要ではないことが明らかになった。彼は意図せずして、彼自身とともに発見することとなった次のことを、学生たちに発見させた。すべての文章、したがってそれを作り出すすべての知性は、本性を同じくする、ということである。理解するとは翻訳すること以外の何物でもない。つまりあるテクストの等価物を与えることであって、そのテクストの根拠を与えることではない。書かれた頁の背後には何もない。もう一つの異なる知性、説明家の知性の仕事を必要とする二重の底もなければ、教師の言語、すなわちその単語や文章がテクストの単語や文章について根拠を述べる権能を持つような、言語についての言語もない。フランドルの学生たちがその証拠だ。彼らは『テレマック』について語るのに、『テレマック』に出てくる単語しか手中になかった。ということは、フェヌロンの文章を理解したりそれについて理解したことを述べたりするには、フェヌロンの文章でこと足りるということだ。学ぶことと理解することは、同一の翻訳行為を表す二通りの方法なのである。テクストに先立つものとしては、自分を表現しようとする意志、すなわち翻訳しようとする意志以外には何もない。学生たちがフェヌロンを学んでフランス語という言語を理解したのは、単に対訳の左の頁を右の頁と比べる訓練によってではない。大切なのは左右の頁をまたぐ能力ではなく、考えるところを他人の言葉を使って言う能力なのだ。彼らがそれをフェヌロンから学んだのは、文筆家フェヌロンの行為自体が翻訳家の行為だからである。政治についての教えを伝説の形をした物語にするために、フェヌロンはホメロスのギリシャ語やウェルギリウスのラテン語、そして子供向けのお話から学識豊かな物語まで、その他多くのテクストの学問的な、あるいは素朴な言語を、同時代のフランス語に置き直した。フェヌロンがこの二重の翻訳のために用いているのは、後に学生たちが彼の書物について考えるところを彼の書物にある文章を使って語るために用いたのと、同じ知性なのである。

　そのうえ、『テレマック』のフランス語を学生たちに習得できるようにした知性は、彼らが母語を習得した際に用いた知性と同じものである。どちらの場合も、観察し、記憶にとどめ、繰り返し、確かめ、知ろうとすることをすでに知っていることに照らし合わせ、行動し、行動したことについてよく考えることで、彼らは習得したのだ。してはいけないやり方で、子供のように手探りで、謎かけを解くように彼らは進んだのである。そこで疑問が浮かんだ。知的価値について一般に認められている序列を逆転させる必要があるのではないだろうか。この侮蔑されている謎かけ方式《メソッド》こそ、人間の知性がそれ本来の力を獲得する、知性の真の運動ではないだろうか。この方式の追放がまずもって示しているのは、知性の世界を二つに分割しようという意志ではないだろうか。方法論至上主義者《メソジスト》たちは偶然による方式と理性に適った進め方を対置する。だが、彼らは自分たちが証明したいことを前もって自らに与えている。彼らが想定しているのは、まだ見る能力がないものだから、あちこちぶつかりながら世界を探検しているちっぽけな動物であり、だからこそ彼らがその世界を識別することを教えてやろうというのである。だが人間の子供は第一に言葉を備えた存在だ。聞いた単語を真似て繰り返す子供や、『テレマック』のなかで「道に迷った」フランドルの学生は、行き当たりばったりには進まない。彼らの努力のすべて、彼らの探検のすべては、次のことに向けられている。彼らに向けられた人間の言葉、それが何なのか分かりたい、そしてそれに応えたいのだ。生徒とか学者としてではなく、人間として。あなたを試験する誰かに応えるようにではなく、あなたに話しかける誰かに応えるように。平等というしるしの下に。

　彼らは説明する教師なしに独力で習得した、これが事実だった。ところで、一回起こったことはいつでもまた起こりうる。要するに、この発見は教授としてのジャコトの信条を覆すことのできるものだった。だが人間ジャコトには、一人の人間に期待できるものの多様性を認めることが、よりいっそう可能であった。ジャコトの父親はジャコトの祖父の帳簿をつけるようになる以前は肉屋だった。そして大工だったこの祖父が、ジャコトを学校に行かせたのだった。ジャコト自身は、一七九二年に軍への召集が鳴り渡った時、修辞学の教師をしていた。同僚の投票により砲兵隊の隊長になり、優れた砲兵であることを示した。一七九三年には、このラテン語教師は弾薬局の化学教師となり、領内のいたるところでフルクロアの諸発見を応用するために送りこまれた労働者たちの、急速養成に携わった。彼はこのフルクロアのところで、農民の息子でありながら雇用主フルクロアの知らぬ間に化学の知識を手に入れた、ヴォークランと知り合いになった。理工科学校では、にわか仕立ての委員会が才気煥発さと愛国心という二重の基準によって選んだ若者たちがやって来るのに立ち会った。そして彼らが、モンジュやラグランジュが説明した数学よりも、むしろ二人が目前でやってみせた数学を通じて、非常に優れた数学者になるのを目の当たりにした。どうやらジャコト自身、自分の行政上の職務を利用して数学者の能力を手に入れたようであり、後になってディジョンの大学でその能力を発揮することになった。まったく同じようにして、自分が教えていた古典語にヘブライ語をつけ加え、『ヘブライ語文法に関する試論』を執筆した。どうしたわけか、彼はこの言語に未来があると考えていたのだ。ついには、心ならずもではあるがこのうえなく固い決意をもって、人民の代表者としての能力を自分のものとした。要するに、緊急事態ゆえに、段階的な説明を省くことを余儀なくされた状況下で、個人の意志と故国の危機がいかなる前代未聞の能力を生みだすことができるか、ジャコトは知っていたのである。国家の必要に迫られて生じたこの例外的な状態は、子供に世界を探検することを促す緊急性や、学者や発明家に風変わりな道を進むように促す緊急性と、原理的には異なるところはないと彼は考えた。子供、学者、そして革命家の経験を通して、フランドルの学生たちが実践して成功した偶然による方式は、その二つ目の秘密を明らかにしていた。この平等の方法は、まずもって意志の方法だったのだ。自分自身の欲求が高まってにせよ、状況に強いられてにせよ、人はしようという意志があれば、説明する教師なしに独力で学ぶことができるのである。

解放する教師

状況による強制はこの場合、ジャコトの与える指示という形をとった。それは、もはや生徒にではなく教師に、重大な結果をもたらした。生徒たちは説明する教師なしに習得したが、だからといって教師なしにというわけではない。彼らは以前は知らずにいて、今では知っている。ということは、ジャコトは彼らに何かを教えたのだ。とはいえ、彼は自分の学識からは何一つ伝授しなかった。だから生徒が習得したのは教師の学識ではない。生徒たちの知性を書物の知性と格闘させておくために自分の知性を引っ込めることで、彼らを自分たち自身の力で抜け出すことのできる円環の中に閉じ込めるようにしたということにおいて、彼は教師だったのだ。こうして、説明する教師の実践が結びつけている二つの役割、学識豊かな者の役割と教師の役割とが切り離された。同様に、習得という行為のなかではたらいている二つの能力、すなわち知性と意志もまた切り離され、互いに対して自由になった。教師と生徒との間に、純粋に意志対意志の関係が打ち立てられた。教師による支配の関係が、結果として、生徒の知性と書物の知性――書物の知性はまた共通のモノ、教師と生徒の間の平等な知性のつながりでもあったのだが――の間にまったく自由な関係をもたらした。この装置のおかげで、教育行為のなかで混ざり合ったカテゴリーを一つ一つばらばらにし、説明による愚鈍化を正確に定義することができるようになった。一つの知性がもう一つの知性に従わされるところに愚鈍化があるのだ。人間は――とりわけ子供は――、意志が彼を自分の道に据えたり引き止めておいたりできるほど強くはないとき、教師を必要としうる。しかし、この服従は純粋に意志対意志のものである。服従が一つの知性をもう一つの知性に結びつけるとき、それは愚鈍化になる。教えたり習得したりする行為には二つの意志と二つの知性がある。それらが一致していることを愚鈍化と呼ぶ。ジャコトが作った実験的状況においては、学生は一方で一つの意志、すなわちジャコトの意志に結びつけられ、他方で一つの知性、すなわち書物の知性に結びつけられており、意志と知性は完全に異なるものだった。二つの関係の違いが認知され維持されていること、意志が他の意志に従うときでも己自身にしか従わない知性の行為を、解放と呼ぶとしよう。

この教育実験はそのようにして、あらゆる教育学の論理との断絶へと通じた。教育家の実践は学識と無知との対立に基づいている。教育家たちが区別されるのは、無知な者を学識ある者にするためにそれぞれが選んだ方法によってである。厳格なもの甘いもの、伝統的なもの現代的なもの、受動的なもの能動的なものなどがあり、それぞれの学習・教育法《メソッド》の効率は比較可能である。この観点からすれば、まずはジャコトの生徒たちの迅速さと伝統的学習・教育法の緩慢さとを比べることもできるかもしれない。だが実際には、何も比べられるものはないのだ。様々な学習・教育法の比較は、教育行為の目的について最小限の合意を前提としている。教師の知識を生徒に伝授することである。ところがジャコトは何も伝授しなかった。彼はどんな学習・教育法も用いなかった。方法はもっぱら生徒のものだった。それに、程度の差はあれ迅速にフランス語を習得するということそれ自体は、たいして重要なことではない。比較はもはや様々な学習・教育法の間にではなく、知性を行使する二つの方法の間に、そしてまた知性の序列についての二つの考え方の間に設けられたのだ。ジャコトの迅速な道はより良い教育の道なのではない。それは一つの異なる道、自由の道なのであり、ジャコトが革命歴二年の軍隊、弾薬の製造、また理工科学校の設立で身をもって体験した道なのだ。すなわち、自由が危機に瀕する切迫した状況に応える自由の道であり、全人類の知的能力に対する信頼の道なのである。学識対無知という教育学上の関係の下に、解放対愚鈍化という、より根源的な哲学的関係があることを認めなければならない。したがって、問題となっている項は二つではなく四つある。習得する行為は、四つの限定が様々に組み合わされることによって生み出されうる。解放する教師によるか、愚鈍化する教師によるか。学識ある教師によるか、無知な教師によるか。

無知な教師による習得というこの最後の命題は、最も支持しがたいものである。学識ある者は自分の学識を説明するのをやめておくべきだ、と耳にするならまだよい。しかし、無知な者がもう一人の無知な者にとって学識の原因になりうるなどと、どうして認められよう。ジャコトの実験自体、フランス語教師という彼の身分のせいで曖昧なものである。だが、少なくとも生徒に知識を与えたのは教師の知識ではないことをその実験は示したのだから、教師が自分の知識とは別のこと、自分が知らないことを教えるのを妨げるものは何もない。そこでジョゼフ・ジャコトは実験を様々に変化させ、偶然が一度生み出したことを故意に再現することに打ち込んだ。かくして彼は絵画とピアノという、自分が無能であることが明白な二つの科目を教え始めた。法科の学生たちは彼らの学部の空いている講座がジャコトに与えられるよう願った。しかしルーヴェン大学はすでにこの常軌を逸した外国人教師のことを心配していた。この教師のために学生は大教室での教授の講義をすっぽかし、日が暮れて二本のロウソクの薄明かりに照らされただけの小さすぎる教室にやって来てすし詰めになり、「私があなた方に教えることは何もない、と教えなければなりません」と言われるのを聞こうとするのだった[2]。それゆえ、開講の申し出を受けた大学当局は、彼にこのような教育を行

(2) *Sommaire des leçons publiques de M. Jacotot sur les principes de l'enseignement universel*, publié par J. S. Van de Weyer, Bruxelles, 1822, p. 11.〔『普遍的教育の原則に関するジャコト氏の公開授業概要』J・S・ファン・デ・ヴェイエル刊〕

う資格はまったく認められないと回答した。しかし、そのとき彼が取り組んでいたのは、まさしく資格と行為の間にある隔たりを実験によって確かめることだった。そこでフランス語で法学の授業をする代わりに、彼はオランダ語で弁論することを学生に教えたのだ。学生たちは非常にうまく弁論を行ったが、ジャコトの方は相変わらずオランダ語を解さなかった。

能力の円環

この実験は物事をはっきりとさせるに十分なものであると彼には思われた。生徒を解放すれば、つまり生徒自身の知性を用いるように強いれば、自分の知らないことを教えられるのだ。教師とは、知性が己自身にとって欠くことのできないものとならなければ出られないような任意の円環に、知性を閉じ込める者なのである。無知な者を解放するには、自分自身が解放されていること、すなわち人間精神の本当の力を自覚していることが必要であり、またそれで十分なのだ。無知な者は、教師が彼にはそれができると信じ、彼が自分の能力を発揮するように強いれば、教師が知らないことを独りで習得できる。これは能力の円環であり、生徒を古い教育法《メソッド》（以後単に「旧式」と呼ぶ）の説明家に結びつける無能力の円環に対応するものである。だが力関係はいたって特殊なものだ。無能力の円環は常にすでに存在する。それは無知と知との明白な相違のなかに潜む、世の中の歩みそのものなのだ。一方能力の円環は、その公開性によってしか実効性を持ちえない。だが、それが公開的に現れることができるのは、同語反復ないしは不条理としてでしかない。知っていること同様知らないことも教えられるなどと、どうして学識ある教師が聞き入れることができるだろう。彼はこの知的な能力の増大を、自分の学識の価値の喪失としか受け取らないだろう。また無知な者は無知な者で、自分に独力で学ぶ能力があるとは思っていないし、まして他の無知な者を教育する能力があるなどとはなおのこと思っていない。知性の世界から排除されている者たちは、自分たちを排除する評決に自分たち自身で賛同してしまっているのだ。要するに、解放の円環は開始されなければならない。

そこに逆説《パラドクス》がある。というのも、少しよく考えてみれば、ジャコトが提案する「学習・教育法」はすべての学習・教育法のなかで最も古いものであり、個人が説明を受ける手立てのない何らかの知識を身につけることを必要とするようなあらゆる状況で、日々その正しさを立証されつづけているのだから。何かを独力で、説明する教師なしに習得したことのない人間は誰一人としていない。この習得方法を「普遍的教育」と呼ぶならば、こう表明することができるだろう。「普遍的教育は世界の始まり以来ずっと、すべての説明的学習・教育法と並んで現実に存在している。この教育は、ただそれ自体だけで、すべての偉大な人物を現実に形成したのである」。だが奇妙なことに、「どんな人も人生で幾度もこの経験をしてきたのに、誰も他人にこう言おうとは思わなかった。「私は説明なしにたくさんのことを習得しましたから、私のようにあなたもそうできると思います」と。(…)私も、そして世の中の誰一人として、他人を教育するためにこの経験を用いようなどという、大それた気を起こそうとはしなかったのだ」[3]。一人一人のなかに眠っている知性に、こう言うだけでこと足りる。*Age quod agis*、今していることをし続けなさい、「事実を学び、それを真似、己自身を知りなさい、それが自然の歩みです」[4]。あなたの能力を余さず発揮できるようにした偶然による方法を、方法立てて繰り返しなさい。同じ知性が、人間精神の為すあらゆる行為のなかにはたらいているのです。

だが、それこそ最も困難な跳躍なのである。誰もが必要に応じてこの学習・教育法を実践しているのに、誰もそのことを認めたがらないし、この方法が意味する知的革命に立ち向かおうとしない。社会の循環、物事の秩序が、この学習・教育法をその真の姿において認めることを禁じているのである。しかし、この方法はすべての者が学習するために用いる真の方法なのであり、それによって各々が自身の能力を見定めることができるのだ。思い切ってこの方法を承認し、その力について開かれた形で確認が行われるよう努めなければならない。そうしなければ、無能力の方法、つまり「旧式」[1]が、物事の秩序が続く限り続くだろう。

誰が開始しようと思うだろう。この時代、ありとあらゆる善意の人々が民衆の教育に取り組んでいた。保守的な人々は、民衆をそのむき出しの欲求を超えたところに引き上げようとし、革命を支持する人々は、民衆が彼らの権利を自覚するように導こうとした。進歩主義者たちは、教育によって階級間の隔たりが小さくなることを願い、産業家たちは、教育によって民衆の最良の知性たちに社会的な地位の向上の手段を与えることを夢見た。しかしこうした善意はことごとく一つの障害にぶつかった。民衆には教育を受けるために割ける時間がほとんどなく、金銭はなおのことなかったのだ。そこで、それぞれの場合《ケース》に応じて労働者階級の人々の進歩向上のために必要かつ十分と判断された最小限の教育を普及させる、経済的な学習・教育法が探された。進歩主義者と産業家の間で、当時ある方法が高く評価されていた。相互教育法である。この方法なら、大きな教室に生徒たちを多数集め、そこで彼らをいくつかの集団に分け、それぞれを彼らのなかで最も進んでいる者、指導員の身分に昇進した者によって指導させることができる。こうして、教師の指示と教えは指導員を介して教育すべき人々の全体に行き渡る。この景観は進歩愛好家たちの気に入るものだった。学識はこのようにして頂上から最も貧弱な知性にまで行き渡り、幸福と自由がそれに続いて降りてくる、と考えられたのだ。

　こういった種類の進歩は、ジャコトに手綱を思わせた。「改善された調馬術」、と彼は言った。彼は相互教育の旗印のもとに別のものを夢見ていた。それぞれの無知な者が他の無知な者に対して教師となり、生徒の持つ知性の力を明らかにすることのできるような教育である。より正確には、彼の問題は民衆の教育ではなかった。教育するのは、新参者を自分の旗の下に仲間入りさせるためであり、下役が命令を理解できるようにするためであり、民衆を、もちろん神授権などは使わずただ

（3）『母語』p. 448 および『知的解放』誌 t. III, p. 121.
（4）『外国語』p. 219.

能力の序列にのみ従って、段階的に統治せんがためである。ジャコトにとって問題だったのは、解放することだった。すなわち民衆階級のどんな人間も、自分の人間としての尊厳を思い描き、自分の知的能力を見定め、それをどう使うか決定できるようにすることだった。「教育」愛好家は、教育こそ真の自由の条件だと断言していた。そのうえで、彼らは与えるべき教育については異同があるにせよ、とにかく民衆を教育する義務があるということは認めていた。教育者の義務から民衆のためにどんな自由がもたらされるのか、ジャコトには分からなかった。反対に、彼はこの取り組みに新しい愚鈍化の形を感じ取っていた。解放することなく教える者は愚鈍化する。解放する者は、解放される者が何を学ばなければならないのかに心を砕く必要はない。彼は自分が学びたいものを学ぶだろうし、もしかしたら何も学ばないかもしれない。しかし、人間の技術によるすべての生産活動のなかには同一の知性がはたらいているが故に自分は学ぶことができるということ、そして、人は常に他人の言うことを理解できるということを、彼は知るだろう。ジャコトの著作の印刷を請け負っていた業者のところに軽愚の息子がいた。周りの人はこの息子が何かの仕事をできるようになるとは思ってもいなかった。ジャコトは彼にヘブライ語を教えた。それからこの子供は素晴らしい石版工になった。言うまでもないことだが、ヘブライ語は何の役にも立たなかった――ただ、より才能に恵まれ、より教養のある者が、永久に知らずにいるだろうことを知る以外には。ヘブライ語は訳が分からない《ヘブライ語》ことではなかったのだ。〔2〕

だから事ははっきりしていた。それは民衆を教育するための方法ではなく、貧しい人々に告げるべき恩恵だった。彼らは一人の人間ができることは何でもできるのである。それを告げさえすればよかったのだ。ジャコトはそのために身を捧げることにした。人は自分の知らないことを教えることができ、一家の父は貧しく無知でも解放されてさえいれば、いかなる説明する教師の手助けもなしに自分の子供たちに教育を施すことができるのだ、と彼は明言した。そしてこの「普遍的教育」の手段を示した。それは、何事かを学び、そこに他のあらゆる物事を、すべての人間は平等な知性を持っているという原則に基づいて関連させる、というものだった。

ルーヴェンで、ブリュッセルで、それにハーグで動揺が起きた。人々がパリやリヨンで駅馬車に乗り込んだ。イギリスやプロイセンから情報を聞きにやって来た。サンクトペテルブルクやニューオリンズにその情報はもたらされた。うわさはリオデジャネイロまで広まった。何年かの間激しい論争が巻き起こり、知の共和国は根本から揺れ動いた。

それもすべて、一人の才気ある男、評判高い有識者で有徳な一家の父であった一人の男が、オランダ語を知らなかったために気が狂ってしまったからなのである。

第二章　無知な者の教え

それではテレマックと一緒にカリプソの島に上陸しよう。訪問者たちの一人と一緒に、気がふれた者の洞窟に入り込んでみよう。ルーヴェンのマルセリス女史の学院や、ジャコトがラテン語習得者にした皮なめし工、デサイフレーレ氏のところや、オラニエ哲人公フレデリックが普遍的教育の始祖ジャコトに未来の教練教官たちを教育する任務を負わせた、ルーヴェンの軍事師範学校へ。

「席について全員一斉に「カリプソ、カリプソは、云々」とぼそぼそ言っている新兵たちを想像してみてください。二ヶ月後には彼らは読み書きと計算ができるようになっているのです。(…)この初等教育の間私たちは、ある者は英語を、またある者はドイツ語を、この生徒は要塞構築術を、あの生徒は化学を、という具合に、いろいろと学びました。

——始祖はそれらすべてに通じているのですか。

――いいえ、全然。でも私たちが彼に説明しました。彼は大いに師範学校の恩恵に浴したことを請け合いますよ。

――おっしゃる意味が分からないのですが。つまり、あなたがたは全員化学を会得していたということですか。

――いいえ、でも習得して、彼に教えたのです。これが普遍的教育です。教師の役割をするのは弟子なのです[5]」。

あらゆるものに秩序があるように、狂気には狂気の秩序がある。だから始めから始めることにしよう。テレマックである。「すべてがすべての中にある」と気のふれた者は言う。冷やかし好きな世間の人々は付け加える。「そしてすべては『テレマック』の中にある」。というのも、『テレマック』は何をするにも役立つ書物らしいのだ。生徒が読むことを学びたがっているって？ 英語やドイツ語、弁護術や格闘術を習得したがっている？ 気のふれた者は生徒に平然と一冊の『テレマック』を手渡し、生徒は「カリプソ、カリプソは、カリプソはできなかった」という具合に繰り返すだろう。『テレマック』の巻を決められた数だけ覚え込み、その他の部分について物語れるようになるまで。彼は習得するすべてのもの――文字の形、単語の位置や語尾、イメージ、論証、作中人物の感情、道徳的教訓――について話すように、そして彼には何が見えるか、それについて何を考えるか、またそれをどうするかを言うように求められる。そこでただ一つだけ絶対に必要な条件が課される。言うことはすべて書物の中に具体的に示されなければならないということである。課題作文や即興も同様の条件で行うように求められる。生徒は自分の文章を構成するのに書物にある単語や言い回しを用いなければならず、自分の論証に関係する事実を書物の中に示さなければならない。要するに、生徒が言うことはすべて、教師が書物の中に具体的に確認できるようでなければならないのである。

書物の島

一冊の決まった書物。『テレマック』だろうと他の書物だろうとかまわない。ジャコトは偶然『テレマック』を手にした。そして便利だからそれを使い続けた。『テレマック』は多くの言語に翻訳されているし、書店で容易く手に入るからだ。フランス語の傑作というわけではない。だが文体は純粋だし語彙は多様で、教訓は厳格だ。神話学や地理についても学べる。フランス語の「翻訳」を通して、ウェルギリウスのラテン語やホメロスのギリシャ語も聞こえてくる。要するに、古典的な書物、ある言語がその形式と力量のおおよそを示している書物の一つなのだ。一冊の書物は一つの全体である。新たに学ぶことのすべてを関連づけられる一つの中心であり、新しいことの一つ一つを理解し、そこに何が見えるか、それについて何を考えるか、そしてそれをどうするかを述べる手

（5）『数学』p. 50-51.

段を見つけることのできる、一つの円環である。それが普遍的教育の第一原則なのだ。何事かを学び、そこに他のあらゆる物事を関連させなければならない。まずは何かを学ばなければならない。ラ・パリス将軍[3]も同じように言うだろうか。ラ・パリス将軍なら言うかもしれない。だが旧式はこう言う。「これこれのことを学ばなければならない、次にこれこれ、さらにまたこれこれを学ばなければならない」。選択、段階的進歩、不完全性、それが旧式の原則である。いくつかの規則といくつかの基礎原理を学んだら、それをいくつかの読解用の作品抜粋や、身につけた基礎に対応するいくつかの練習問題に応用する。それから上のレベルへと進むと、別の基礎、別の書物、別の練習問題、別の教師……。それぞれの段階で無知の溝が掘られては教師がそれを埋め、そしてまた別の溝を掘る。断片が積み重なっていく。それらは説明家の知識の部品であり、生徒を彼が決して追いつくことのない教師の言いなりにして引き回す。書物は決して全体であることがなく、授業は決して完結することがない。教師は常に何らかの知識を、つまり生徒の何らかの無知を、自分の手元に取っておく。「それは理解しました」と生徒が満足して言うと、「そう思っているだけです」と教師が正す。「実はそれには今のところ君に言っていない難しい点があるのです。それに相当する課のところにきたら説明しましょう」。「どういう意味ですか」と不思議に思った生徒は尋ねる。「言うこともできるのですが」と前置きして教師は答える。「時期尚早というものでしょう。君にはまったく理解できないでしょう。来年説明しましょう」。教師は常に一歩先んじていて、それが教師と生徒を分け隔てるので、生徒はもっと先に進むためには別の教師、追加の説明が必要だと常に感じることになる。そうやって、勝ち誇ったアキレスはヘクトルの遺骸を自分の戦車に縛りつけ、トロイの周りを曳きずり回すのだ。知識を段階的に論理立てて進歩させることは、際限なく身体の部分的な切断を繰り返すことなのである。「教育を受けた人間はみな、半分しか人間ではないのだ」(6)。

教育を受けたお子さんがこの切断に苦しむかどうかは問わないでおこう。このやり方の真髄は喪失を利益に変えることである。お子さんは前進する。彼は教わり、故に彼は学び、故に忘れうる。彼の背後には、新たに無知の溝が掘られる。だが、この仕組みが素晴らしいのは、その無知は以後他の人たちの無知になるからだ。彼が忘れてしまったこと、それはすでに乗り越えられたことなのである。彼はもう、粗野な知性の持ち主や幼児学級の小さい子供のように読み方の初歩を覚えたり、たどたどしく読んだりする段階にはいないのだ。君たちは学校ではオウムにはなりません。記憶に詰め込むのではなく、知性を形成するのです。「分かりました」子供は言う、「ぼくはオウムではありません」。忘れれば忘れるほど、自分が理解したのだということがますます明らかになる。知的になればなるほど、自分が凌駕した者たち、無言の書物を前にして知識の待合室にとどまっている者たち、理解するには知性が足りなくて復唱している者たちを、一層高みから見下ろすことができる。説明家の真髄とはこのようなものだ。「彼らは、愚鈍化の国へ結びつける絆のなかで最も堅固

(6) *Lettre du fondateur de l'enseignement universel au général Lafayette*, Louvain, 1829, p. 6.〔『普遍的教育の始祖からラ・ファイエット将軍への手紙』〕

なもの、すなわち優越の意識によって、自分たちが劣等感を抱かせた者を自分たちに繋ぎ留めておくのである」。

この意識はしかし、善良な感情を殺しはしない。教育を受けたお子さんはおそらく民衆の無知に心を動かされ、彼らの教育のために働きたいと望むだろう。そして彼は、常に同じことを繰り返す日常が頑なにしてしまったり、一貫した方式《メソッド》がないために道に迷ってしまったりした頭脳には、事は難しいと分かるだろう。だが、もし彼が献身的ならば、知性の序列におけるそれぞれのカテゴリーに合った説明の形があることが分かるだろう。つまり、彼らに理解できる範囲で事を行うだろう。だが、今やもう一つの物語が始まる。気のふれた者が――彼の狂信者たちが呼ぶには「始祖」が――彼の『テレマック』、一冊の書物、一つのモノを手に舞台に現われる。「これを取って読みなさい」と彼は貧しき者に言う。「ぼくは字が読めません」と貧しき者は答える。どうして本に書いてあることが理解できるでしょう。これまで君があらゆることを理解してきたように、つまり、二つの事実を比較することによってです。一つの事実を言いましょう。本の冒頭の一文です。「カリプソはできなかった、ユリースが旅立ってしまった悲しみから立ち直ることが」。繰り返しなさい。「カリプソ、カリプソは、……」。では二つ目の事実です。単語がそこに書かれている、ということです。どれがどの単語かまったく分かりませんか。私が最初に言った単語はカリプソです。頁の上でもそれが最初の単語ではありませんか。よく見てごらんなさい、他の単語がたくさんある中にあっても常にこの単語だと分かる自信が持てるようになるまで。そのためには、そこに見えるすべてのものを私に言わなくてはいけません。そこには一つの手が紙の上に書き、一つの手が印刷所で活字を組み合わせた記号があります。この単語のことを語ってください。私に「紙の上にこの単語を書いたペンの、あるいは銅版の上にこの単語を彫った鑿の冒険物語を、つまり行ったり来たり曲がったりする様を、一言でいえば道筋を物語ってください」[7]。私の生徒の一人が――錠前屋を生業にしているのですが――「円」と呼ぶ「O」の文字や、彼が「直角三角定規」と呼ぶ「L」の文字がそこにあるのが分かりますか。何か知らない物体や場所の形状を描写するみたいに、それぞれの文字の形状を私に語ってください。できないなどと言ってはいけません。君は見ること、話すこと、示すことができるし、思い出すことができるのです。他に何が要りますか。見ては見直し、言っては言い直すための、断固たる集中力です。私をごまかそうとしたり自分をごまかそうとしてもだめですよ。君が見たのはたしかにそれですか。それについてどう考えますか。君は考える存在ではありませんか。それとも自分のことを空っぽの身体だけの存在だとでも思っているのですか。「始祖スガナレルはそういったことすべてを変革しました。（…）君は私と同じく魂を持っているのです[8]」。

その後で書物が話していることについて話す番がくる。カリプソについて、苦悩について、女神について、永遠の春についてどう考えますか。どうしてそう言うのか示してください。

（7）『知的解放』誌 t. III, 1835-1836, p. 15.

（8）同書 p. 380.

ある決まった書物、それはふさがれた逃走路である。生徒がどの道を辿るかは分からない。だがどこから抜け出さないかは分かっている――自分の自由を行使することからだ。また、教師は入り口の手前にしかいてはいけないこと、他の場所にいる権利はないことも分かっている。生徒は自分ですべてを見なければならず、絶えず比較し、常に三重の質問に答えなければならない。何が見えるか、それについて何を考えるか、それをどうするか。そのようにして無限に続く。

しかし、この無限はもはや教師の秘密なのではなく、生徒の歩みなのである。書物の方は完結している。それは生徒が手で持ち、初めから終わりまで目を通すことのできる一つの全体である。教師が生徒に隠すものは何もなく、生徒が教師の目から隠せるものも何もない。円環がごまかしを禁じている。何よりもまず、「できません」、「理解できません」といった、無能力というあの大きなごまかしを。理解すべきことなど何もない。すべては書物の中にある。ただ語り聞かせさえすればいいのだ――一つ一つの記号の形を、一つ一つの文の冒険を、一つ一つの巻の教訓を。話し始めなければならない。できません、などと言ってはいけない。君は「ぼくにはできません」と言えるのだから。代わりに「カリプソはできなかった」と言ってみなさい。そうすればもう君は始めているのだ。君はすでに知っていた道を進んでおり、これからはこの道を途中で放り出すことなく辿っていかなければいけない。「言えません」と言ってはいけない。そう言うのなら、それをカリプソ風に、テレマック風に、ナルバル風に、はたまたイドメネ風に言うことを習得しなさい。こうして別の円環が、能力の円環が開始される。「言えません」の言い方が際限なく見つかり、やがて君はなんでも言えるようになるでしょう。

一つの円環の中の旅。ユリースの息子テレマックの冒険はその手引きであり、カリプソはその最初の一語であることが分かる。カリプソ、すなわち「隠れた女」。まさに、隠れているものは何もないことを、語の背後に語はなく、言語の真理を語る言語はないことを、発見しなければならない。記号を学んではさらにまた記号を学び、文をも学んではさらにまた文を学んでいくのだ。復唱する、すっかりできあがっている文章を。暗記する、書物全体を。旧式は憤慨する。あなたにとって「何かを学ぶ」とはこんな意味なのだ。第一に、あなたのところの子供たちはオウムみたいに復唱する。彼らが発達させるのはただ一つの能力、記憶力だけだ。私たちの方では、知性、趣味、想像力を鍛えているというのに。あなたのところの子供たちときたら、暗記によって学んでいる。それがあなたのそもそもの間違いなのだ。第二の間違いは、彼らは暗記によって学んではいない、ということだ。あなたはそうしていると言うが、そんなことは不可能だ。人間の脳は一般に、そして子供の場合にはなおさら、そんな風に記憶をはたらかせることはできないものだ。

鍋の論理だ。一つの円環からもう一つの円環へと移っていく論証だ。命題を逆転させなければならない。子供の記憶力はそんな風にはたらくことはできないと旧式が言うのは、無能力一般がその合言葉だからだ。記憶力は知性や想像力とは別のものだと旧式が言うのは、それが無能力の上に君臨したがる者と共通の武器、すなわち能力の分断を用いるからだ。記憶力は弱いと旧式が信じているのは、人間の知性の力を信じていないからだ。記憶力をより劣ったものだと信じるのは、劣った者と優れた者がいるのだと信じているからである。彼らの二重の論法は、要するに以下のことに帰着する。「劣った者と優れた者とがいる。劣った者には優れた者にできることができない」。

旧式はそれしか知らないのだ。彼らは不平等を必要としてはいるが、それは君主の命令に基づいていることを明かしているような不平等なのでは全くなく、自明な不平等、どんな人の頭の中にもどんな文章の中にもあるような不平等なのである。そのような不平等のために、彼らは「差異」という耳触りのよい武器を持っている。「これはあれではない、これとあれとはほど遠い、比較することはできない」等々。記憶力は知性ではない、復唱することは知ることではない、比較は理性による推論ではない、内容と形式がある、云々というわけだ。「区別」の粉ひきでどんな小麦でも挽くことができる。こうして論法は刷新され、科学者や人道主義者向きのものとなる。曰く、知性の発達には段階があり、子供の知性は大人の知性ではなく、だから子供の知性に負担をかけすぎてはならず、そんなことをしてしまえば、その子の健康や才能の開花を損ねてしまいかねない、等々。旧式が求めるのは、ただひたすらそれが主張する否定の数々、差異の数々に同意することである。これは存在しない、これは別もの、これはもっと、これはそれほど、という具合に。知性の序列のあらゆる玉座を建立するにはこれで十分なのだ。

カリプソと錠前屋

旧式にはしゃべらせておいて、我々は事実に目を向けよう。命令する意志があり、服従する知性がある。知性をある意志の絶対的な強制のもとにはたらかせる行為を注意と呼ぼう。この行為は、それが向けられるのが見分けるべき文字の形であるのか、記憶すべき文章であるのか、二つの数学的存在間に見出すべき関連であるのか、それとも書くべき作文の要素であるのかによって、異なることがない。記憶に刻む能力があり、それとは別に理解する能力があり、さらにそれとは別に判断を下す能力があるわけではない。Oを円と呼びLを直角三角定規と呼ぶ錠前屋は、すでに関連によって考えているのだ。そして考え出すのは思い出すのと別種のことではない。お子さんたちの「趣味」と「想像力」を「形成」するのは説明家に任せておこう、創作家たちの「天才」について勝手に論じさせておこう。我々はそれらの創作家たちのように物事を為すことで満足しよう。エウリピデスを暗記し、翻訳し、復唱し、模倣したラシーヌのように、テルトゥリアヌスについて同じことをしたボシュエのように、アミヨについて同じことをしたルソーのように、ホラティウスとユウェナーリスについて同じことをしたボワローのように。トゥキュディデスを八回書き写したデモステネスのように、タキトゥスを五十二回読んだホーフトのように、同じ書物を常に繰り返し読むことを勧めたセネカのように、バッハの六つのソナタを延々と繰り返して練習したハイドンのように、同じトルソーを常に新たに作り直そうと苦心したミケランジェロのように……[9]。能力は分割されな

(9) Gonod, *Nouvelle exposition de la méthode de Joseph Jacotot*, Paris, 1830, p. 12-13.〔ゴノ『ジョゼフ・ジャ

い。能力は一つしかない、見たり言ったりする能力、見たり言ったりすることに注意を払う能力だ。数々の文章を暗記しては、さらにまた数々の文章を暗記する。数々の事実、すなわち物事の間にある関連を発見し、さらに別の様々な関連、とはいえすべて同じ性質の様々な関連を発見する。文字を、単語を、文章を、そして観念を組み合わせることを習得する。学識を獲得したとか、真実を知っているとか、天才になったなどとは言わない。だが、知的分野において一人の人間ができるすべてのことを自分もできるのだ、ということは分かるだろう。

「すべてがすべての中にある」という言葉の意味するところは、能力の同語反復《トートロジー》である。言語の能力すべてが、一冊の書物の全体の中にある。知性の持ち主として自己を認識することのすべてが、一冊の書物、一つの章、一つの文、一つの単語の熟知のうちにある。「すべてがすべての中にあり、すべてが『テレマック』の中にある、ですね」と冷やかし好きな者たちは高笑いをし、不意をつく質問をして弟子たちを面くらわす。「すべてはテレマックの第一巻の中にもあるのですか。その最初の一語の中にもですか。数学はテレマックの中にありますか。その最初の一語の中にもですか」。弟子は足もとが揺らぐのを感じ、何と答えればよいのか師に助けを求める。

「人間が生み出したものはすべて「カリプソ」という単語の中にあると考えます、というのも、この単語は人間の知性が生み出したものだからです、と答えなければいけない。分数の足し算を作った者は、カリプソという単語を作った者と同じ知的存在だ。この芸術家フェヌロンはギリシャ語を知っていて、「狡猾な」、「隠れた」を意味する単語を選んだ。この芸術家は件《くだん》の単語を書く方法を考案した者に似ている。彼は似ている、それを書くための紙を作った者に、そして書くために羽ペンを使う者に、その羽ペンを小刀で削る者に、その小刀を鉄で作った者に、その鉄を自分の同類に提供した者に、インクを作った者に、カリプソという文字を印刷した者に、印刷機を作った者に、その機械の効果を説明する者に、その説明を普及させた者に、印刷用のインクを作った者に、等々。すべての科学、すべての芸術《アート》＝技術、解剖学、力学などは、カリプソという言葉を作ったのと同じ知性の産物である。一人の哲学者が未知の土地に上陸し、砂の上に幾何学の図形があるのを見て、この土地には人が住んでいるのだと推測した。「ほら、人間の足跡だ」と言ったところ、同僚たちは彼は気が狂ってしまったのだと思った。彼が示した線は足跡のようには見えなかったからだ。カリプソという言葉を見せて「ここに人間の指の跡がある」と言えば、進んだ十九世紀の学識者たちは茫然として眼を見開く。フランスの師範学校から派遣されてきた者はカリプソという文字を見て「そうは言うけれど、指の形はしていませんよ」と言うに違いない。しかし、「すべてはすべての中にある」のだ[10]。

カリプソの中にあるすべてとは、人間によるあらゆる表明行為〔*manifestation*〕のうちにある知性の能力である。名称を作るのも、数学の記号を作るのも、同じ知性である。記号を作るのも、論証

コトの学習・教育法に関する新しい論述』〕

（10）『母語』p. 464-465.

を行うのも、同じ知性なのだ。二種類の精神があるわけではない。新しい関連を発見し組み合わせるために意志が知性に伝えるエネルギーの大きさに応じて、知性の発現〔*manifestations*〕には不平等があるが、知的能力には序列は存在しない。自然本性上のこの平等を自覚することこそ解放と呼ばれるところのものであり、それこそが知の国におけるあらゆる冒険の道を開くのである。というのも、重要なのは思い切って冒険することであり、程度はどうであれ良く学ぶとか、早く学ぶとかいうことではないのだ。「ジャコト式学習・教育法」は他と比較してより良いのではなく、まったく別の物なのだ。だから使われた手法それ自体は重要ではない。『テレマック』を使ったが、他の何でもよいのだ。文法ではなく原文から、音節ではなく各単語の全体から始める。より良く学ぶためにそのようにしなければならないわけではなく、ジャコト式は〔語や文を全体として視覚的に暗記させる〕グローバル学習法《メソッド》の祖先なのでもない。実際、「B《ベー》、A《アー》、BA《バ》」ではなく、「カリプソ」から始めた方が事は速く進む。だがこの速さは獲得された能力の一つの効果、解放のための原則の一つの帰結にすぎない。「かつての学習・教育法が文字を教えることから始めるのは、知的不平等の原則、とりわけ子供の知的劣等という原則に基づいて生徒たちを指導するからだ。そこでは文字は単語より区別しやすいと思われている。それは間違っているのだが、ともかくそう信じられている。子供の知性は「C《セー》、A《アー》、CA《カ》」を学ぶことしかできず、「Calypso《カリプソ》」を学ぶには大人の知性、すなわちより優れた知性が必要だと信じられているのだ[11]」。要するに、「B《ベー》、A《アー》、BA《バ》」や「Calypso」は、「無能力」対「能力」の旗印なのだ。綴りを言うことは学ぶ手段である以前に痛悔の祈りである。だから原則上の対立を全く変えずに手法の順序を変えることもできるだろう。「旧式はいつの日か単語ごとに読ませることを思いつくかもしれず、そうすれば我々は生徒に綴りを言わせるかもしれない。ところで、この見た目の変化は結果として何をもたらすだろう。何ももたらさない。我々の生徒はそのせいで以前ほど解放されなくなるわけではないし、旧式の子供たちは以前ほど愚鈍化されなくなるわけでもない。(…)旧式は綴りを言わせることで生徒を愚鈍化するのではなく、独りでは綴りを言えないのだと生徒に言うことによって愚鈍化するのだ。したがって、単語ごとに読ませたところで、旧式は生徒を解放せず、愚鈍化することだろう。生徒たちの若い知性は旧式が己の古びた脳から引っ張り出してくる説明なしではやっていけないのだと言い渡すことには、旧式は大いに気を配るだろうから。つまり、解放したり愚鈍化したりするのは手順や進め方ややり方ではなく、原則なのだ。不平等の原則、古い原則は、何をしても愚鈍化する。平等の原則、ジャコトの原則は、手法や書物が何であれ、つまりこの原則が適用される事実が何であれ、解放するのだ[12]」。

問題は知性自身にその真実の姿を知らしめることだ。どんなモノでもそのために役立てられる。例えば『テレマック』だ。だが子供や無知な者が暗記しているお祈りや歌でもいい。無知な者が知っているものは常に何かしらあり、それが比較の項となって、新たに知るべきものを関連づけるこ

(11)『知的解放』誌 t. III, 1835-1836, p. 9.
(12)同書 p. 11

とができる。その証拠に、君は読むことができるのだと言われて目を丸くしている例の錠前屋を見てみよう。彼は文字さえ知らない。それでもカレンダーのうえに目をやらせてみよう。彼は月の順序を知っていて、一月、二月、三月……と推測できないだろうか。彼は数を数えることを少々知っている。ならば、行を追いながらゆっくりと数えていき、彼の知っていることがそこに書かれているのを認めるのを、誰が妨げよう。彼は自分の名前がギヨームで、ギヨームの聖人の祝日は一月十六日だと知っている。彼は問題なくそのギヨームという単語を見つけられるだろう。二月は二十八日しかないことを知っている。ある段が他の段より短いのを見れば「28」が分かるだろう。以下同様に事は進んでいく。教師が彼に見つけるよう指示できるものは常に何かしらあるので、それについて問いただし、生徒の知性の仕事ぶりを確かめることができるのである。

教師とソクラテス

たしかに、教師の基本的な二つの行為とはこのようなものだ。教師は質問し、語ることを命じる。すなわち、自覚されることのなかった、あるいはまた顧みられることのなかった知性が発現するように促す。そしてまた、その知性の仕事が注意深く行われたこと、強制から逃げるためにどんなことでも構わず口にしているのではないことを確認する。そのためには、教師が非常に巧みで博識でなければならないと人は言うかもしれない。だがそれどころか、博識な教師はその学識のせいで、たいていの場合この学習・教育法を台無しにしてしまう。そういう教師は答えを知っていて、彼がする質問は生徒を自然にそこへと導いてしまう。それが良い教師の秘密だ。良い教師というのは、質問を出しながら、生徒の知性をそれとなく——とはいえ知性を使わせるのに十分なほどにということであって、知性を何の支えもないような状態に置きやるほどにではなく——導くのである。説明家一人一人のなかにソクラテスが眠っているのだ。ジャコト式学習・教育法が——ということは生徒の学習法が——いかなる点においてソクラテス風の教師の手法と根本的に違っているのか、よく理解しなければいけない。ソクラテスは問いただしていくことで、メノンの奴隷が自分のなかにある数学の真理を認識するように仕向ける。そこには知識への道はあるのかもしれないが、解放への道は全くない。それどころか、この奴隷が自分自身のなかにあるものを見出すためには、ソクラテスが彼の手をとってやらなければならない。奴隷の知の証明は、まったく同じ程度に彼の無能力の証明でもあるのだ。彼は一人で歩くようには決してならないだろうし、そもそも、教師の教えを例証するためでなければ、誰も彼に歩くようになどと要求しない。ソクラテスが彼を問いただす時、その問いが向けられるのは、奴隷であり続けることを定められた一人の奴隷なのである。

したがって、ソクラテス主義は愚鈍化の高度に完成された形なのだ。すべての博識な教師同様、ソクラテスは教育するために質問する。だが、人間を解放しようとする者は、学者としてではなく人間として、教育するためではなく教育してもらうために、質問しなければならない。そしてそれを厳密に行うことができるのは、実際問いの内容について生徒より多くを知っているのではない者、生徒に先駆けてその知的な旅をしてしまったのではない者、つまり無知な教師をおいてほかにない。無知な教師なら、子供が「カリプソ」という単語について報告するために必要な時間をかけることを免除するという恐れがない。だが無知な教師がカリプソに何の用があろう、どのようにしてそれを聞き知ることさえあるだろうと人は言うだろう。とりあえずカリプソはおいておこう。だが、「我らの父よ〔Notre Père〕」のことを聞いたことのない子供、お祈り一つ暗記していない子供があるだろうか。それならばモノは見つかり、息子に読み方を教えようとする貧しく無知な一家の父は困ることはない。親切で、このお祈りを紙に書き写すだけの教養のある人が、近所に誰かしら見つかるだろう。その紙で「我らの〔Notre〕」はどこにあるか尋ねるところから、父親や母親はわが子の教育を始められる。「もし子供が注意深ければ、それはお祈りの文句の最初にあるのだから紙に書いてある最初の単語が「我らの」のはずだ、と言うだろう。ならば「父よ〔Père〕」は必然的に二番目の単語だ。子供はこの二つの単語を比較し、区別し、知ることができ、どこでもこの二つをそれと分かることができるだろう」[13]。お祈りの文と格闘している子供に、何が見えるか、それをどうするか、それについて何を言うか、自分がしたり言ったりしたことについてどう考えるかを質問できない父親や母親はいないだろう。隣人が手に持っている道具とその使用法について尋ねるのと同じやり方だ。知らないことを教えるというのは、ただ単に自分が知らないすべてのことについて質問することなのである。そのような質問をするのにどんな学識も必要ない。無知な者は何でも尋ねることができ、そして彼の質問のみが、記号の国の旅人にとって、己の知性を自律的に行使することを強要する真の質問となるのである。

まあいいだろう、と反論者は言うだろう。だが質問する者の強みは確認する者の弱みでもある。生徒が戯言を言っていないとどうして分かるだろう。「父よ」とか「天〔cieux〕」はどこにあるか指し示してごらんと子供に尋ねることなら、父親や母親にもいつでもできる。だが子供が言われた単語をたしかに指していると、どうして確かめられよう。子供の学習が進むに従って――仮に進めばの話だが――困難は増すばかりだ。だとすれば、無知な教師と無知な生徒は不具者を背負った盲人という〔無力な〕二人組のたとえ話を演じていることになるのではないか。

無知な者の力量

まずは反論者を安心させよう。我々は無知な者をアダムが神から授かった知識の持ち主〔学ぶことなく何でも知っている者〕扱いはしないし、学者の知識に対置されるような民衆の知識の持ち主扱いする気もさらさらない。勉強の成果を判断し、生徒の知識を確かめるためには学識がなければならない。無知な者はと言えば、彼は同時にそれ以下のこともそれ以上のことも行う。彼は生徒が何を見つけたのか確かめるのではなく、生徒が探し求めたということを確かめるのである。彼は生徒が

(13)『知的解放』誌 t. VI, 1841-1842, p. 72.

注意を払ったかどうかを判断するのである。ところで、勉強を実際にしたということを判断するためには、ただ人間であればこと足りる。砂の上の描線に人間の足跡を「認めた」哲学者と同じく、母親は「子供が何らかの勉強をするとき、ある文章の中の単語を指し示すとき、自分がしていることに注意を払っているかどうか、彼の眼の中、すべての表情の中に[14]」見て取ることができる。無知な教師が生徒に要求しなければならないのは、注意深く勉強したと教師に証明することだ。そんなことはたいしたことではない、と言われるだろうか。ではこの要求が生徒にとってどれほど際限のない仕事をもたらすものか見てほしい。またこの要求のおかげで無知な試験官が得られる知性も見てほしい。「この無知ではあるが解放されている母親が、「父よ」はどこかと尋ねるたびに子供がいつも同じ単語を示しているかどうかを見てとることを、妨げるものがあるだろうか。彼女がこの単語を隠して、「私の指の下にある単語は何」と尋ねることを禁じるものがあるだろうか[15]」。

宗教画じみた光景、あやしげな民間療法だ……。それが説明家連中の公式スポークスマンが下した判断だった。「「自分の知らないことを教えられる」というのは、またもや新手の家庭の格言だ[16]」。この判断には、「母の勘」はこの場合家庭内におけるいかなる特権も行使してはいない、と答えるとしよう。「父」という単語を隠すこの指は、隠れた女あるいは巧妙な女である、カリプソのなかにあるのと同じ指だ。すなわち、人間の知性のしるしであり、理性の――本物の理性、一人一人に固有ですべての人間に共通な理性、無知な者の知と教師の無知とが互いに平等になり、知性の平等の力量を実際に示すとき、模範的に現れる理性の――最も基本的な狡知なのである。「人間は、話している者が自分で言っていることを分かっていないときには、そうはっきり感じ取る動物である。この能力は人間を結びつける絆である」[17]。無知な教師の実践は、時間も金も知識もない貧乏人が自分の子供に教育を施すための、単なる急場しのぎではない。もはや知識が理性を手助けしないところで、理性の純粋な力量を解き放つ決定的な体験なのだ。一人の無知な者に一度できたことなら、すべての無知な者にも常に可能である。なぜなら無知のなかに序列はないのだから。そして無知な者と博識な者に共通して可能なこと、それこそ知性を備えた者それ自体の力量と呼べるものである。

平等の力量は、同時に二元性と共通性の力量でもある。同質な人間を集団化《アグレガシヨン》するところ、すなわちある精神をもう一つの精神と一緒くたに束ねてしまうところには知性はない。各々が行動し、自分の為すことを語り、現に行ったということを確認できるようにするところに知性はある。二つの知性の間に置かれた共通のモノはこの平等のあかしであり、二重の意味でそうなのだ。まず、物質的なモノは「二つの精神の間を連絡する唯一の橋である」[18]。橋は通路でもあるが、保たれた距離でもある。説明は一方の精神によるもう一方の精神の消滅だが、書物の物質性は二つの精神の間に平

(14) 同書 p. 73.
(15) 同書 p. 73.
(16) Lorain, *Réfutation de la méthode Jacotot*, Paris, 1830, p. 90.〔ロラン『ジャコト学習・教育法への反論』〕
(17) 『母語』p. 271 および『知的解放』誌 t. III, 1835-1836, p. 323.
(18) 『知的解放』誌 t. III, 1835-1836, p. 253.

等な距離を保つ。しかしまた、モノは具体的に確認するためにいつでも使用することのできる審理の場でもある。無知な試験官の術とは、「受験者を具体的な対象物、書物に書いてある文章や単語、自分の五感で確かめられるモノに連れ戻すことなのだ」[19]。受験者は、開かれた書物、一つ一つの単語の具体的な物質性、一つ一つの記号のカーブのなかで、自分の言ったことを常に確認しなければならない。モノ、つまり書物を介せば、できないと言ってごまかすことも分かっているふりをすることも不可能になる。だから無知な教師は、必要とあれば、教育を受けたお子さんの知識ではなくその子が自分の言ったりしたりすることに払っている注意を確認することにまで、自分の権限を拡大できるだろう。「この方法で、自分の意志とは関係ない事情で息子を学校にやることを余儀なくされた隣人を助けてやることさえできる。もし隣人に学校に通うようになった子供の知識を確認してほしいと頼まれたら、あなたが学校を出ていなくても、この依頼の役目に困惑することはない。「何を勉強しているんだい」と子供に聞きなさい。「ギリシャ語です。――ギリシャ語の何をだい。――イソップです。――それは何だい。――寓話です。――どの寓話を知っているんだい。――最初のを。――最初の単語はどこだい。――これです。――本を貸してごらん。四番目の単語を空で言ってごらん。それを書いてごらん。君が書いたのは本の四番目の単語と違うよ。お隣さん、お子さんは自分で知っていると言うことを知っていませんよ。勉強するときか、知っているつもりのものを示すときに注意が足りない証拠です。勉強するようにお言いなさい。子供がギリシャ語を身につけているかどうか、また見に来ましょう、私はギリシャ語を知らないし、読めさえしないんですけどね[20]」」。

このようにして、無知な教師は無知な者も博識な者も教育することができる。つまり、相手が持続的に探究しているということを確認することによって。探す者は常に見つける。必ずしも探していたものを見つけるとは限らないし、見つけなければならないものを見つけるのではなおさらない。だが、すでに知っているモノに関連づけられる何か新しいものを見つけるのである。大事なのはこの持続的な用心、決してゆるむことのない注意であり、それなしには、理性からの逸脱〔déraison〕――この点では博識な者も無知な者に劣らずかなりのものだ――が居座ることになるだろう。教師とは、探究者をその人自身の道、その人がたった独りで弛まず探究し続ける道に引き留めておく者である。

各々の仕事

とはいえ、この探究を確認するためには、探し求めるとはどういうことかを知っておかなければならない。それこそがこの学習・教育法の要だ。他人を解放するためには、自分自身が解放されて

(19) 同書 p. 259.
(20) 『知的解放』誌 t. IV, 1836-1837, p. 280.

いなければならない。自分が他のすべての旅人と同類の、精神による旅人であり、知性を備えた存在に共通の能力に与る知的主体であることを、知らなければならない。

いかにしてこのような自己認識に至るのか。「一人の農夫、一人の職人（一家の父）は、社会秩序のなかで自分が何者なのか、そして何を為しているのかを考えれば、自らを知的に解放するだろう」(21)。プラトンの声を通して哲学が職人にその運命として与えた、次のような古い命令の重みを見くびる者には、事は単純に、単純すぎるようにさえ見えるだろう。その命令とは、自分自身の仕事以外は何もしてはいけない、というものであり、その仕事とは、何事にもよらず考えるなどということではなく、ただ単に、お前の存在の定義を汲み尽くす特定のものを作ることである。お前が靴屋なら、お前は靴を作り、そして同じように靴を作る子供を作るのだ。デルフォイの神託が「汝自らを知れ」と命じたのはお前にではない。たとえ悪戯好きな神が面白半分にお前の子供の魂に思考という黄金を少々混ぜたとしても、その子供を育てるのは黄金の種族、国家の守護者たちの役目であり、ゆくゆくは彼らの仲間に加えるのだ。

進歩の時代は、おそらく、この古い命令の厳格さを覆そうとした。百科全書派は何事も、職人の仕事さえも、もはや習慣化したやり方によってなされることがないよう望んだ。また、どんなに最下級の者だろうと、同時に考える存在でないような社会における行為者はいないことも知った。市民デステュット・ド・トラシーは、新しい世紀の曙にそのことを思い出させた。「言葉を話すどんな人間も、観念学、文法、論理学、雄弁術がどんなものかおよそ分かっている。行動するどんな人間も、私的な道徳と社会的な道徳についての信条を持っている。ただ細々と暮らしているだけのどんな者にも物理と計算の知識が多少ある。そして同類たちとともに生きているというただそれだけのことによって、歴史的な事実の小さな寄せ集めとそれに判断を下す自分なりの方法を持っているのである(22)」。

したがって、靴屋が靴ばかりを作っているなどというのはありえないことであり、必ずや自分なりのやり方で文法家、道徳家、物理学者でもあるのだ。一つ目の問題はそこにある。職人や農民が、こうした道徳や計算や物理の知識を彼らの環境における習慣化したやり方や彼らが偶然出会う物事や人物によって作り上げるかぎり、進歩の論理的な歩みは二重に妨げられてしまう。習慣化したやり方に囚われた者や迷信を信じる者によって速度を落とし、また粗暴な者の熱意にかられた性急さによって混乱してしまうのだ。したがって、理性、学識、全体の利益という原則から導き出された最小限の教育によって、健全な知識を彼らの頭の中に入れ込んでやらなければならない。さもないと、誤った知識が作り上げられることになるだろう。言うまでもなく、この企てはそうした誤った考えを生み出す生来の環境から農民の息子や職人の息子を引っ張り出すことになるだけに、一層有

(21)『母語』p. 422.
(22) Destutt de Tracy, *Observations sur le système actuel d'instruction publique*, Paris, an IX.〔デステュット・ド・トラシー『公教育の現在のシステムについての考察』〕

益である。だが、この明白な事実はただちに矛盾に突き当たる。子供は習慣化したやり方や迷信から引っ張り出されなければならないが、しかし再び彼の仕事と環境へ送り返されなければならないのだ。進歩の時代は、すでにその曙から、民衆出の子供を、彼らに運命づけられた境遇とその境遇に由来する考え方から切り離すことの致命的な危険を警戒していた。それゆえ、進歩の時代は次の矛盾のなかでぐるぐる回っているのである。学問はすべて単純な原理に依っていて、良い学習法に従いさえすれば、身につけようと願うすべての知性が手に入れられるものであるということが、今では分かっている。しかしながら、すべての知性に学問への道を開くのと同じ自然本性が、階級が分断され、個人がそれぞれに定められた社会的地位に適合しているような社会秩序を望んでもいるのである。

この矛盾に対して見出された解決法とは、教育としつけの秩序だったバランス、学校の教師と一家の父とに割り当てられた役割の分担である。一方は生まれ育った境遇から子供が受け取る誤った思想を教育の光によって追い払い、もう一方はその習ったばかりの未熟な知識から生徒が引き出そうとする度の過ぎた願望をしつけによって追い払い、生徒をその家族が置かれている環境に連れ戻す。一家の父は、自分の決まり切った習わしから息子の知的教育のための環境を引き出すことはできないが、その代わり、話して聞かせたり手本を示したりして、自分の身分にとどまることの美徳を教えることにかけては絶大な力を持っている。家庭は知的無能力の温床であると同時に、倫理の客体性の源でもある。この二重の性格は職人の自意識の二重の制限となって現れる。自分が為すことの自覚は自分のものではない学問の領域のものであり、自分がそうであるところのものの自覚は自分自身の仕事以外のことは何もしないようにさせるのだ。

もっと簡潔にこう言おう。教育としつけとの調和のとれたバランスとは、二重の愚鈍化のバランスなのだ。それと厳密に対立するのが解放、すなわちすべての人間が知的な主体という自らの本性を自覚することなのであり、それは平等についてのデカルトの文句をひっくり返したものである。「デカルトは「我思う、故に我在り」と言った。この偉大な哲学者の素晴らしい思想は普遍的教育の原則の一つである。我々は彼の思想を逆転させてこう言おう。「我人間である、故に我思う」[23]。この逆転によって、主体「人間」は「コギト〔我思う〕」の平等のうちに含まれる。思考は考える実体の属性なのではなく、人類の属性なのである。「汝自らを知れ」をあらゆる人間の解放の原則に変えるために、プラトンの禁止に逆らって『クラテュロス』における空想的な語源の一つを用いる必要がある。人間、すなわちアントローポスとは、見るものを吟味する存在であり、自分の行為についてのこの省察において自らを知る存在であるのだ[24]。普遍的教育のすべての実践は、「それについてどう考えるか」という問いに集約される。この教育の力のすべては、この実践が教師のうちに

(23) *Sommaire des leçons publiques de M. Jacotot* ..., p. 23.

(24) プラトン『クラテュロス』399c：「あらゆる動物のなかで人間だけが「アントローポス」とふさわしく名づけられた。見たものを吟味する（アナトローン・ハ・オポーペ）からだ」。

実現し、生徒のうちに引き起こす、解放の意識にある。父親は、自分自身を知ることから、すなわち自らが主体である知的行為を吟味すること、そしてそういう行為に際して、考える存在としての自らの力をどのように用いているのかに注目することから始めるならば、息子を解放できるだろう。

解放の意識とは何よりも、無知な者が持つ知的能力を数え上げることである。彼は自分の言語を知っている。また、自分の境遇に対して抗議するために、あるいはその言語について彼よりもよく知っている者または知っていると思っている者に質問するために、その言語を使う術も知っている。彼は自分の仕事、そのための道具、そしてその使い方を分かっている。必要とあらば道具を改良することもできるだろう。無知な者はこれらの能力とそれらを獲得した方法について省察し始めなければいけない。

この省察の真価を正確に見定めよう。手で身につけた民衆の知恵、道具を用いる労働者の知性を、学校で学ぶ学問やエリートの修辞学に対置することが問題なのではない。社会秩序における建設業者や製造業者の地位を主張するために、誰が七つの門のテーバイを建設したかと尋ねることが問題なのではない。反対に、二つの知性があるのではなく、人間の技による営みとその産物はすべて同一の知的潜在能力によって実践されているのだと認めることが重要なのである。いたるところで観察し、比較し、組み合わせ、行為し、どのように行為したのか指摘することが重要なのだ。どこでも可能なこの省察、この自己への回帰は、考える実体による純粋な観想なのではなく、自らの知的行為、その行為が切り開く道、そして常に同じ知性を新しい領域の征服に適用しながらその道を進んでいく可能性に対して、無条件に注意を払うことである。労働者や農夫の営みを修辞学の霞に対置する者は愚鈍なままでいる。霞を造ることは、靴や錠前を造ることと同量の――それより多くも少なくもない――仕事と知的注意を必要とする、人間の技による営みなのだ。アカデミー会員のレルミニエ氏は民衆の知的無能力について論じている。レルミニエ氏は愚鈍な者である。だが愚鈍な者はばかでもなければ怠け者でもない。もし我々が彼の論説に木や石、皮を加工するのと同じ技、知性、仕事を認めないとすれば、今度は我々が愚鈍な者となるだろう。レルミニエ氏の仕事を認めてこそ、我々は最も地位の低い人々の営みおよびその産物に現れた知性を認めることができるようになるのである。「グルノーブル近郊の貧しい村女たちは手袋を作るのを仕事にしている。十二枚につき三十スー支払われている。解放されてからというもの、彼女たちは上手に作られた手袋を見、吟味し、理解するよう励んでいる。彼女たちはこの手袋が示すすべての文章、すべての単語の意味を推察するだろう。終いには十二枚で七フラン稼ぐ町の女たちと同じくらいうまく話せるようになるだろう。大切なのは、鋏や針や糸で話す言語を習得することだけだ。（人間の社会では）ただある言語を理解し話すことだけが問題なのだ[25]」。

言語という物質化した観念性は、黄金の種属と鉄の種属との間にあるあらゆる対立、手仕事をする定めの人間と思考に従事する運命の人間との間にあるあらゆる序列を――たとえこの序列におけ

（25）『音楽』p. 349.

る関係を逆転させたとしても——斥ける。言語によるどんな営みも同一の方法で理解され、実行される。だからこそ無知な者は、自分自身を知れば直ちに、自分には読めない書物のなかで息子が探究しているかどうかを確められるのである。息子が勉強している題材《マチエール》は知らないが、どのように取り組んでいるかを言わせれば、彼が探索者としての営みを行っているかどうか分かるのだ。というのも、探し求めるとはどういうことかは知っているし、息子に要求すべきことは一つしかないからだ。それは彼自身自分が探し求めるときに自分の道具をこねくりまわすように、息子も自分の使う単語や文章をこねくりまわすことだ。

二つの知性の間に置かれた書物は——『テレマック』だろうと他のものだろうと——モノの物質性に刻み込まれたこの観念的共通性を端的に示している。書物は知性の平等である。だからこそ、同じ哲学的命令が職人に自分の仕事しかしないよう命じるとともに、書物の民主主義を糾弾したのである。プラトンの言う哲人王は、話される生きた言葉に対して書物の死んだ文字を対置した。文字は、質料《マチエール》に身を捧げる人間が自由に使える物質《マチエール》化した思考、思考することに携わるのではない者のところに行き当たりばったりに転々とする、沈黙していると同時に饒舌すぎる言説だからである。説明の特権は、この糾弾からくるとるに足りない小銭にすぎない。そして「ジャコト式学習・教育法」が書物、記号の扱いおよび記憶術に与えている特権は、プラトンにおいて書かれた文字の批判が示している精神の序列を、正確に逆転させたものである[26]。書物は二人の無知な者の間の新たな関係を確たるものにし、以後彼らは知性の持ち主として自らを知る。そしてこの新たな関係は、知的教育と道徳的しつけを結びつける愚鈍化の関係を覆す。しつけによって規律を課す審級の代わりに解放の決定がはたらくと、父親や母親は子供のために無知な教師の役目を務められるようになり、そこで意志の無条件な要求が具現される。この要求が無条件であるのは、解放する父親は人の良い教育者なのではなく、情け容赦のない教師であるからだ。解放者の命令は一切妥協を知らない。彼は絶対的に命令する。彼が命令を向ける主体は、自分で自分に命令することができると想定しているからだ。息子は、父親や母親が彼の探求が徹底的であるのを確認する限り、書物のなかに知性の平等を確認するだろう。そのとき、家庭の小部屋はもはや職人を自分の無能さの意識へと連れ戻す回帰の場ではない。それは新たなる意識の場、各々の「自分の仕事」が広げられ、共通の理性の十全な行使となるに至る、自己超越の場なのである。

盲人とその犬

というのも、確認しなければならないのは、言葉を話す存在は原則的に平等であるということだからだ。息子の意志に無理強いをすることで、貧しい一家の父親は息子も自分と同じ知性を持ち、

（26） Cf. プラトン『パイドロス』274c/277a および J. Rancière, *Le Philosophe et ses pauvres*, Fayard, 1983, p. 66 et sq.〔『哲学者と貧しき者たち』〕

同じように探し求めるのだということを確認する。そして息子の方では、書物の中にそれを書いた者の知性を探究し、その知性も自分の知性と同じように振る舞うということを確認するのだ。この相互性が解放的学習・教育法の核心であり、新しい哲学の原理である。始祖ジャコトは、ギリシャ語の単語を二つ結び合わせて、この哲学を「パネカスティック」[4]と名づけた。というのも、この哲学は人間の知性の発現のそれぞれのうちに知性の全体を探究するからである。庭師を自分の息子たちの教育係にしようとして、ルーヴェンで教養を身につけて来るよう送り込んだ地主がいたが、おそらくよく分かっていなかったのだろう。解放された庭師や無知な教師一般に期待すべき特別な教育成果というようなものはないのだ。解放された者が主にできることは、解放する者になることである。知識の鍵を授けることではなく、知性が己を他のすべての知性と平等であるとみなし、他のすべての知性を己と平等であるとみなすとき、その知性が何を為しうるか自覚させることである。

　解放とはこの平等、この相互性の自覚であり、それによってのみ、知性が確認を通じて実際にはたらくようになることが可能となる。民衆を愚鈍化しているのは教育の欠如ではなく、民衆の知性は劣っているという思い込みである。そして「劣った者たち」を愚鈍化するものは「優れた者たち」をも同時に愚鈍化する。というのも、二つの知性の平等を確認できる同類に向かって話す者だけが、自分の知性を確認するからである。ところが、優れた精神は、当然劣った者たちには理解されないことになる。彼が自らの知性を確かめることができるのは、それを承認し返してくれるはずの人々を不適格とみなすことによってでしかない。女性の精神は男性の精神より劣っていることを知っているこの知識人を見てほしい。彼は一生の大半を、自分を理解できない者と会話をすることに費やしている。「なんという仲睦まじさだろう。愛のささやきにはなんと甘美なものがあることか。夫婦生活にも、家庭にも。話す者は理解されたかどうか決して確信を持てることがない。彼には精神と心がある、彼の方には。偉大な精神の持ち主だ。かくも感じやすい心の持ち主だ。だが、社会のくびきが、彼や彼女を屍に結びつけたのだ。何たることか[27]」。生徒たちや外の世界の称賛が、彼の家庭内の不幸を慰めてくれると人は言うだろうか。だが、優れた精神の持ち主に対して劣った精神の持ち主が下す判断など何の価値があるのか。「この詩人に「あなたの最新作を大いに気に入っています」と言ってごらんなさい。彼は口元をひきつらせて「たいへん光栄です」と答えるだろう。その意味は、「おいおい、お前の貧しい知性に好評を博したからって、気をよくはしないよ」ということである[28]」。

しかし、知性の不平等と自らの知性の優越を信じているのは、なにも学者や著名な詩人に限ったことではない。この思い込みが力を持っているのは、それが世間の人全体を、まさしくうわべだけの謙虚さのもとに包み込んでいるからだ。学ぶ気にさせようとすると、無知な者は「できません、私はただの労働者にすぎないのです」と言う。この論法に含まれているすべてのものをよく理解し

(27)『知的解放』誌 t. V, 1838, p. 168.
(28)『遺作論文集』p. 176.

てほしい。まず、「できません」の意味は「私はしたくない。どうしてそんな努力をするだろう」ということだ。しかしそれはまた、「たぶんやればできるだろう、私には知性があるから。でも私は労働者だ。私みたいな人たちにはできないのさ。私の隣人にだってできない。それにばかどもを相手にするのに、そんなこと何の役に立つだろう」という意味なのだ。

　このようにして不平等の確信は広がっていく。どんな優れた精神も、より優れた精神を見つけだし、みずからを卑下する。どんな劣った精神も、より劣った精神を見つけ出し、それを軽蔑する。ルーヴェンの教授用長衣はパリではたいしたものではない。パリの職人は田舎の職人がどれほど自分より劣っているか知っているし、田舎の職人は農民がどれほど知恵遅れか知っている。この最後尾の者が、自分は物事を知っているが、パリの教授用長衣は夢想家を包んでいるのだ、と考えるようになるとき、輪が一周して出発点に戻るだろう。どんな劣った者も常に誰かよりは優れているということが、どんな優れた者も常に誰かよりは劣っているということと結びついて、いかなる知性も自分と同等の者のなかに自分の姿を見出すことのできない世界が作られるだろう。ところで、自分に言い返すことのできない相手に話しかけるようなところでは、理性はだめになる。「一人の人間が語るという光景ほど美しく、有益な光景はない。だが、聞き手は今聞いたことについて考える権利を手放してはならないし、話し手もそう勧めなければならない。(…)聞き手はだから話し手が目下理性に従っているか、そこから外れているか、そこに戻っているか、確認しなければならない。知性の平等ゆえに可能となり、それによって必要とさえされているこの確認がなければ、会話は盲人とその犬のおしゃべりであるとしか私には思えない[29]」。

盲人と不具者の寓話への返答。自分の犬に話しかける盲人というのは、不平等な知性の世界の寓話である。子供向け教育学の秘訣などではなく、哲学と人間性が問題となっているのがお分かりだろう。普遍的教育とは、まずもってすべての者が同類であることを確認していくことである。この確認は、すべての解放された者、すなわち自分は他のすべての者と同類の人間であると考えることを決断したすべての者に可能なのである。

すべてはすべての中にある

すべてはすべての中にある。能力の同語反復《トートロジー》は平等の同語反復であり、人間のどんな営みの中にも知性の指跡を探し求める同語反復である。それが、進歩人でグルノーブルの学校長、バティスト・フルサールを驚愕させた訓練の趣旨だった。彼はカジミール・ペリエ議員の二人の息子につきそってルーヴェンにやって来た。教育法協会の会員であったバティスト・フルサールはすでに普遍的教育のことを聞いたことがあったので、マルセリス女史のクラスで行われていたのが、会長のラステリ氏が以前協会で話していた訓練だと分かったに違いない。彼は、少女たちが「最後の人間」や

(29)『知的解放』誌 t. III, 1835-1836, p. 334.

「流刑者の帰還」について慣例どおり十五分間で作文し、これらのテーマについて、始祖が保証しているとおり、「我々の最良の作家たちのものした最も美しい頁の数々を損ねることのないような」文学的断片を書いているのを目の当たりにした。この主張は文学的素養のある訪問者たちにこの上なく強い疑念を抱かせたが、ジャコト氏は彼らを説得する方法を見つけてあった。まったく明らかなことに、彼らは当時の最良の作家たちのうちに自分を数え入れていたのだから、同じ試験を受けて生徒たちが比較できるようにしてやりさえすればいいのだ。一七九三年を経験したラステリ氏は喜んで訓練に参加した。パリの師範学校から派遣されてきたギニョー氏にとってはそうはいかなかった。氏は「カリプソ」の中に知性の指跡は見ず、その代わりある作文の中に「成長する croître」のアクサン・シルコンフレクス〔^〕の許しがたい欠落を見た。試験を受けるよう勧められたが一時間遅れで現れたので、翌日に持ち越された。だが午後にはパリ行の駅馬車に乗り、恥ずべきことに^のない「i」を証拠物件として荷物に詰め込んで持ち帰った。

作文を読んだ後、バティスト・フルサールは「即興」の授業に出席した。それは普遍的教育の本質的な訓練だった。つまりあらゆる主題について、いきなり、導入、展開、結論をつけて話すのを学ぶことである。即興するのを学ぶとは、まず自分に打ち勝つのを学ぶこと、他人の前で話せないと言うために、すなわち他人に評価を下されるのを拒否するために謙遜のうわべをまとう、傲慢に打ち勝つのを学ぶことなのだ。さらに、それは始まりと終わりをつけるのを学ぶこと、つまりは自分自身で一つの全体を作り、ある円環の中に言語を閉じ込めるのを学ぶことである。そのようにして二人の生徒が「無神論者の死」について堂々と即興した。それから、この暗い考えを追い払うために、ジャコト氏はもう一人の生徒に「蝿の飛行」について即興するように言った。教室にどっと笑いがおこったが、ジャコト氏は問題をはっきりさせた。笑っている場合ではありません、話すことが必要なのです、と。そこでこの飛ぶように軽やかな主題について、その生徒は八分半の間魅力的なことを言い、たいへん優美に、そして新鮮な想像力豊かに、それを他の物事と関連づけてみせたのである。

バティスト・フルサールは音楽の授業にも参加した。ジャコト氏は彼に何かフランス語の詩の断片を言ってみてくださいと頼み、生徒たちはそれにメロディーと伴奏を即興でつけ、うっとりするほど見事に演奏してみせた。その後も彼はマルセリス女史のところを度々訪れ、道徳と形而上学の作文の課題を自分でも与えたが、できあがった作文はどれも驚くほど自在で才気あふれるものだった。だが最も彼を驚かせた訓練は次のようなものだった。ある日、ジャコト氏は生徒たちにこう声をかけた。「みなさん、人間が作り出したあらゆるものの中に技巧《アート》があることはご存じですね。蒸気機関の中にも、ドレスの中にも。文学作品の中にも、靴の中にも。そこで、技巧一般について作文を書いてください。幾人かの著者たちの一節をいろいろと指示しますから、自分が使う単語、表現、考えを、すべて裏付けたり確認したりできるようにその一節に結びつけて行ってください(30)」。

すると生徒たちはバティスト・フルサールにさまざまな著作を持ってきたので、彼はある生徒には『アタリー』の一節を、もう一人の生徒には文法書の一章を指定した。その他の生徒たちにもそれぞれボシュエの一節、地理の本の一章、ラクロワの算法についての章、という具合に指定した。これほど比較しようのない物事についてのこの奇妙な訓練の結果を見るのに長く待たされはしなかった。半時間後、目前で書かれた作文と、それを裏付ける即興の解説を聞き、その質の高さに彼はあらためて愕然とした。『アタリー』の一節をもとに、「技巧」に関して「裏付け」や「確認」の作業を添えてなされた解説を彼は特に賞賛し、これまで聞いたなかで最も見事な文学の授業に比肩しうるものだと考えた。

この日、今までになくはっきりと、フルサールはいかなる意味で「すべてはすべての中にある」と言えるのか悟った。彼はジャコト氏が驚くべき教育家だということはすでに知っていたし、彼の指導の下で育成された生徒たちの質の高さも推測できた。だが、彼はそれ以上のものを理解して帰途についた。ルーヴェンのマルセリス女史の生徒たちは、グルノーブルの手袋職人と同じ知性を、そして――最も認め難いことではあるが――グルノーブル郊外の手袋職人とさえ同じ知性を持っているのだ、ということを。

(30) B. Froussard, *Lettre à ses amis au sujet de la méthode de M. Jacotot*, Paris, 1829, p. 6.〔B・フルサール『ジャコト氏の学習・教育法についての友人たちへの手紙』〕

第三章　平等な者たちの根拠

これまで述べてきた普遍的教育の諸効果の根拠のなかに、さらに深く分け入る必要がある。つまり、「我々は知性の平等という臆見《オピニオン》に基づいて子供たちを指導している」ということのなかに。「臆見」とは何か。それは表面的に観察された事実に基づいて形成される感情である、と説明家は言う。臆見はとりわけ大衆の脆弱な頭に芽生え、現象の真の根拠を知る学識に対立する。お望みなら、学識を習得させて差し上げよう、と。

まあそうあせらずに。臆見は真理ではないということは認めよう。だが我々にとって興味深いのはそこなのだ。真理を知らない者はそれを探し求め、その道程には多くの出会いがあるのだから。唯一過ちがあるとすれば、自分の臆見を真理と取り違えることだろう。たしかにそういう過ちは日常茶飯事だ。しかし、まさにこの点においてこそ、狂人の信奉者である我々は他とは区別されたいと思っている。つまり、我々は自分たちの臆見が臆見であり、それ以上の何ものでもないと考えているのである。我々はいくつかの事実を見た。そしてこれこれがその事実の根拠であろうと考える。この臆見の確実さを確かめるために他にもいくつかの実験をやってみるし、あなたがたがしたっていい。第一こういうやり方はまったく新奇だというわけではない。物理学者や化学者はよくそういう風に事を進めているのではないだろうか。ただその場合には、敬意をこめた口調で仮説だとか科学的方法だとか言われているのだ。

もっとも、我々には敬意はどうでもよい。事実だけを問題にしよう。子供や大人が独力で、説明する教師なしに、読むこと、書くこと、音楽を演奏すること、あるいはまた外国語を話すことを習得するのを我々は目にした。こうした事実は知性の平等によって説明がつくのかもしれないと我々は考える。それは臆見であり、その確認作業を我々は続ける。たしかにこの確認には難しいところがある。物理学者や化学者は物理的現象を分離し、他の物理的現象と関連づける。彼らは現象の原因だと思われるものを生じさせ、すでに観察された結果を再現できるようになる。そのような道筋は我々には許されていない。二つの平等な知性を持ってきて、これこれの条件の下においてみよう、などとは決して言えるものではない。我々は知性をその作用によって知る。しかし、知性を分離し、測ったりすることはできない。ただこの臆見をもとにして発想した実験を重ねていくしかない。それでも、すべての知性は平等である、とはいつまでたっても言えないだろう。

たしかにそのとおりだ。だが我々にとって問題なのは、すべての知性が平等だと証明することではない。この仮定に基づけば何ができるのかを見ることである。そしてそのためには、この臆見が可能であれば、すなわちどんな反証も証明されなければ、それでよいのだ。

脳と葉

まさに事実が反対のものであることは明白である、と優れた頭脳の持ち主たちは言う。知性が不平等であること、それは誰の目にも明らかだ。第一に、自然界に同一の二つのものは存在しない。木から落ちてくる葉を見たまえ、まったく同じように見えるだろう。だがもっと近くで見て誤りに気づいてくれたまえ。この無数の葉の中に似通ったものは二つとないのだ。個別性は世界の法則である。植物に当てはまるこの法則が、まして人間の知性という、生命の序列の中でそれとは比べものにならないほど高次な存在に当てはまらないなどということがどうしてあろうか。故にあらゆる知性は異なっているのだ。第二に、過去も未来も現在も、常にいたるところで、人々は知性に関わる物事に対する才能において不平等である。博識な者と無知な者、才気ある者と間抜けな者、開かれた精神と鈍い頭脳という具合だ。この問題についてどう言われているかは知っている。状況の、社会階層の、教育の違いだと。それなら、ひとつ実験をしてみよう。同じ階層の出身で同じように育てられた二人の子供をとりあげよう。二人の兄弟を連れてきて、同じ学校に入れ、同じ訓練を受けさせる。その結果どうだろう。一人はもう一人よりうまくことをやり遂げるだろう。ということは、内在的な違いがあるのだ。そしてこの違いの原因は、一方には他方より知性があり、才能があり、素質がある、ということだ。故に知性は不平等だということがはっきり分かるのだ。

この明白さに何と答えたらよいのだろう。始めから始めることとしよう。優れた頭脳の持ち主たちがあれほど気に入っている葉っぱだ。葉はそれぞれ、彼らが望むだけ異なっていることは我々も認める。ただこう尋ねてみることにしよう。葉っぱの差異から知性の不平等へと、いったいどうして一飛びに移ることができるのか、と。不平等は差異の一種にすぎず、葉の場合に言われている差異とは別種のものだ。それに葉は物質的なものだが、精神は非物質的なものだ。物質の固有性から精神の固有性についての結論を、どうして偽推理なしに引き出せるだろう。

たしかに、現在ではこの分野に手ごわい敵手がいる。生理学者だ。彼らのうちでも最も急進的な者は、精神の固有性とは実際は人間の脳の固有性である、と言う。人間の身体の他のすべての器官の形状および機能同様、そこでも差異と不平等が支配している。脳の重さに比例して、知性の価値は決まるのだ。その点については骨相学者と頭蓋観察学者がせっせと研究している。彼らは言う。この人には天才の瘤がある、こちらの人には数学の才能を示す瘤がない、と。瘤の検査はこういう瘤好きにやらせておくことにして、問題の重大さを認識しよう。なるほどたしかに首尾一貫した唯物主義を思い描くことはできる。そのような唯物主義なら、脳だけを認め、物質的存在に当てはまるものすべてを脳にも当てはめるかもしれない。とすると、たしかに知的解放を提案するなど、奇異な脳の夢想、メランコリーの名で知られる、古くからある精神の病の特殊な一形態に侵された脳の夢想にすぎない、ということになるだろう。その場合、優れた頭脳の持ち主――すなわち優れた脳――は、実際人間が動物に命令を下すように劣った頭脳の持ち主に命令を下すだろう。ただ、もしそういうことだったら、知性の不平等について討議する者は誰もいないだろう。優れた脳の持ち主は、定義上彼らを理解する能力のない劣った脳の持ち主に、わざわざ自分たちの優越を証明するという無駄な骨折りをしないだろうから。したがって、ただその者たちを支配することで満足するだろう。そしてそのことに何の障害もない。彼らの知的優越は、身体的優越とまったく同じように、事実として行使されるのだから。政治の分野ではもはや法律も議会も政府も必要ないだろうし、知的分野では教育も説明も学士院も必要ないだろう。

だが事実はそうではない。政府も法律もある。劣った頭脳の持ち主を教育したり説得したりしようと努める優れた頭脳の持ち主がいる。もっと奇妙なことには、知性の不平等の使徒たちは、その圧倒的大部分において生理学者に従わないし、頭蓋観察学者にいたっては軽蔑しきっている。彼らが自負している優越は、その言によると、彼らが用いている道具で測られるものではないのだ。唯物主義は彼らの優越の便利な説明になりうるのに、彼らは自分たちの優越を別様に算定する。彼らの優越は精神的なものなのだ。彼らが唯心論者なのは、まずもって彼ら自身のうぬぼれによるものである。彼らは非物質的で不死の魂の存在を信じている。だが、非物質的なものがどうしてより多かったりより少なかったりすることがありえよう。それが優れた頭脳の持ち主たちの矛盾点だ。彼らは不死の魂、物質とは区別される精神を望みながら、一方で知性に差異があることを望んでもいる。だが、差異をもたらすのは物質だ。不平等に固執するなら、大脳定位説を受け入れなければならない。精神的原理の統一性に固執するなら、さまざまな状況においてさまざまな物質的対象に適用されるのは、同一の知性だと言わねばならない。だが、優れた頭脳の持ち主は単に物質的であるだけの優越性も望まなければ、劣った者と自分たちとを同等にしてしまう精神性も望まない。彼らは非物質性に固有の高尚さのただなかにありつつ物質主義者の差異を要求しているのだ。

そうは言っても彼らはそこが弱点なのをよく感じていて、一時的にすぎないとはいえ、ある程度劣った者たちに譲歩しなければならないことも分かっている。そこでこんな風にことを取り計る。彼らが言うには、どんな人間にも非物質的な魂がある。この魂のおかげで、最もとるに足らない者でも善と悪の、良心と義務の、神と裁きの大いなる真理を知ることができる。その点については皆平等だし、とるに足らない者たちがしばしば我々を上回ると言ってもよい。だからそれで満足して、社会全体の利益に留意することを務めとする者の——しばしば高い代償と引換えの——特権である知的能力を持っているなどとうぬぼれないがよい。そしてこうした差異は単に社会的なものだなどと言いに来ないでくれたまえ。むしろ、同じ階層の出身で同じ教師から教育を受けた二人の子供を見たまえ。一人は成功し、もう一人は成功しない。故に……。

よかろう。それではこの子供たちとこの「故に」を見ることにしよう。一方がもう一方より成功する、それは事実だ。成功するのは、一方により知性があるからだとあなたがたは言う。ここで説明はあやふやになる。第一の事実の原因でありうるようなもう一つの事実を示してくれただろうか。

もし生物学者が一方の脳が他方より狭い、あるいは軽いことを発見するのであれば、それは事実と言えるかもしれない。そこから、彼は正当に「故に」と結論づけることができるだろう。だがあなたがたは他の事実を示していない。「彼にはより知性がある」と言うことで、あなたがたはただ事実を物語る見解を要約したにすぎない。事実に名前を与えたのだ。だがある事実の名前は、その事実の原因ではない、せいぜいその隠喩である。最初、「彼はより成功する」と言うことで、あなたがたは事実を物語った。そして「彼はより知性がある」と明言することで、この事実を別の名前の下に物語った。だが第二の言明のなかに第一の言明以上のものはない。「「この男はその男より成功する、というのも彼にはより知力があるからだ」というのが意味するのは、まさに「彼はより成功する、というのも彼はより成功するからだ」ということだ。(…)「この若者にはずっと多くの素質がある」と言う。より多くの素質とは何なのか私が尋ねると、また例の二人の子供の話を始める。私は心の中で思った。「ということは、フランス語で〝より多くの素質〟というのは、私が今聞いたいろいろな事実の全体のことなのだな。でも、この表現は少しもその事実を説明してはいない」、と[31]」。

つまり堂々めぐりから出ることはできないのだ。瘤好きに頼ることになっても、不平等の原因を示してくれなければならない。さもなければ、同語反復《トートロジー》を言うだけにとどまるしかない。知性の発

(31)『外国語』p. 228-229.

現の不平等を知性の不平等で説明するのは、阿片の催眠効果を催眠力《ヴィルトゥス・ドルミティヴァ》で説明するようなものだ。

注意深い動物

知性の平等を証明しようとすれば、同じように同語反復的になってしまうことは分かっている。だから他の道をとろう。目に見えるものについてだけ話し、原因を示しているなどとは言い張らずに事実を名づけよう。第一の事実はこうである。「私は人間が他の動物の行わないことを行うのを目にする。この事実を、私の好みで「知力」、あるいは「知性」と呼ぼう。私は何も説明していない、自分で見たものに名前を与えただけだ[32]」。私は同じように、人間は「理性を備えた動物」だと言うことができる。こう言うことによって、人間は分節言語を持ち、その言語を用いて単語や文彩、比喩を作り、自分の考えを同類の者たちに伝えようとするという事実を書き留める。次に、二人の人間を比べると、「人生の最初の時期には彼らはまったく同じ知性を持っているのが、つまりまったく同じことを、同じ目的、同じ意図で行うのが見られる。そこで私は、この二人の人間は平等な知性を持っていると言う。この「平等な知性」という言葉は、ごく幼い二人の子供を観察していて目にとまったすべての事実を要約する記号である」。

その後、私はそれとは異なる事実をいろいろと目撃することになる。この二つの知性はもはや同じことをせず、同じ結果を出さないことを認める。片方の知性はもう片方より発達していると言うこともできるだろう、ただし、ここでもまた、単に新しい事実を物語っているだけだ、と承知していればの話である。だが、ひとつ推測をしてみることを妨げるものは何もない。私は片方の能力がもう片方のより劣っているとは言わない。ただ同じように行使されなかったのだと推測する。それを確実に証明するものは何もない。だがその反対を証明するものも何もない。このように能力が十分に行使されないのはありうることで、多くの経験がそれを証拠立てているということが分かればそれで十分なのだ。だから私は同語反復をわずかにずらすことになる。片方がもう片方ほど成功しなかったのは彼の知性が劣ったものであるからだ、とは私は言わない。むしろ、おそらくそれほどよく勉強しなかったが故にその結果もより出来の悪いものだったのだ、よく目をこらさなかった故によく見えなかったのだ、と言うだろう。つまり、勉強に注いだ注意がより少なかったのだ、と。

　そう言ったところで私はたいして前進してはいないのかもしれないが、とはいえ堂々めぐりから抜け出すには十分だ。注意は脳の瘤でもなければ謎めいた資質でもない。原理的には非物質的だが、効果においては物質的な事実である。注意の有無やその強度を確かめる方法は山ほどある。普遍的教育のすべての訓練が目指しているのはそれだ。つまるところ、注意の不平等とは、その原因でありうるものが経験から十分に連想される現象なのだ。幼い子供たちが世界を探検したり言葉を身に

（32）　同書 p. 229.

つけたりするのに、あれほど似通った知性を用いるのはなぜか、我々は分かっている。彼らは等しく本能と必要とに導かれているからだ。彼らには皆、満たすべきほぼ同じ必要があり、皆同じように人間社会、話す者たちの社会に対等な資格で入りたいと望んでいる。そしてそのためには知性が休んでしまうわけにはいかない。「子供というのは、さまざまに異なる言語で皆一斉に話しかける物体に囲まれている。子供はそれぞれの言語を別々にかつ全体的に検討しなければならない。それらの言語の間にはどんな関連性もないし、しばしば矛盾もする。自然が彼の眼に、触覚に、そしてすべての感覚に同時に話しかけてくるこうしたすべての特有語法《イディオム》について、彼は何ひとつ推し量ることはできないのだ。完全に恣意的な幾多の記号を思い起こすために、彼はたびたび繰り返さなければならない。(…)こうしたことすべてをこなすには、なんという注意が必要だろうか[33]」。

この大きな一歩を踏み出してしまえば、必要はそれほど差し迫ったものではなくなり、注意はそれほど絶え間ないものではなくなって、子供は他人の見方で学ぶことに慣れる。状況は多様になり、彼はその状況が要求する知的能力を発達させる。庶民にとっても同じように事は運ぶ。彼らの「劣った」知性が生来のものなのか社会の影響によるものなのか議論するのは無駄である。彼らは自分の生活の必要や状況が要求する知性を発達させるのだ。必要がなくなれば、知性も休止する、より強い何らかの意志が声を発し、こんな風に言うのでない限り。「続けなさい。自分が何をしたのか見てごらんなさい。そして、すでに用いたのと同じ知性を応用して、あらゆる物事に同じ注意を払い、自分の道からそれないようにしていれば、自分に何ができるのか考えてごらんなさい」。

こうした観察の結果を要約すると、「人間は知性を従えた意志である」と言うことができる。意志による統制が不均一に行使されるということで、注意力の差を説明するにはおそらく十分である。そしてこの注意力の差ということで、知的成果が不均一なのを説明するにはおそらく十分だろう。

人間は「知性を従えた意志である」。この表現は長い歴史を踏まえている。十八世紀の自由思想家たちの思想を要約して、サン＝ランベールはこう表明した。「人間は知性を従えた生命組織《オーガニゼーション》である」。この寸言には唯物主義の趣があり、王政復古期に、反革命の使徒であるボナルド子爵によって完全にひっくり返された。彼は「人間は器官《オーガン》を従えた知性である」と宣言した。だが、このようにひっくり返すことによって知性が遂げた復古は、非常に両義的なものだった。哲学者サン＝ランベールの寸言で子爵の気に入らなかったのは、人間の知性に与えられた役割があまりに小さかったことではない。彼自身、人間の知性を非常に軽視していた。その代わりに彼の気に入らなかったのは、集団組織《オーガニゼーション》に仕える王という共和的モデルだった。彼が復古させたかったのは、しかるべき序列をなす秩序、命令する王であり服従する臣民であった。彼にとって王たる知性とは、記号の世界を自分のものにすることを目指す子供や労働者の知性ではもちろんない。それは神から人間に与えられた掟《コード》の中に、自然でも人間の技《アート》でもなく、純粋に神の恵みに由来する言語そのものの中に、すでに書き込まれている神の知性なのだ。人間の意志の定めとは、言語や社会制度といった

(33)　同書 p. 199.

掟のうちに書き込まれ、そのうちですでに顕示されているこの知性に服従することだった。

この立場取りはある逆説をもたらした。啓蒙主義の「個人主義的」哲学に対する社会の客体性および言語の客体性の勝利を保証するために、ボナルドはこの同じ哲学のこの上なく「唯物主義的な」数々の言い回しを援用しなければならなかった。言語に対する思考のあらゆる先行性を否定するために、知性に固有であるような真理を探求するあらゆる権利を知性に禁じるために、彼は精神のはたらきを物質的感覚と言語記号からなる単なるメカニズムに還元してしまった者たちに同調しなければならなかった。へその動きを観察して自分たちに神の霊感が宿っているのだと信じた、アトス山の修道士たちを嘲笑するほどに。[34] 言語記号と思考観念が本性を同じくするということは、十八世紀に探し求められ、観念論者たちの仕事によって引き継がれた主題だったのだが、こうして既成の制度の優位に利するためにひっくり返され、知性の神権政治的かつ社会権力《ソシオクラシー》的ヴィジョンの枠組みのなかに回収されたのである。「人間は考えを話す前に話す言葉を考える[35]」と子爵は書いている。これは言語についての唯物主義的理論だが、それを突き動かしている信心深い思想は無視し難いものである。「社会秩序の根源的な真理が預けられた聖なる場の、忠実かつ永遠なる守護者である社会は、その全体において考察されるなら、その子供たちが〔社会という〕大いなる家族に足を踏み入れていくのに応じて、彼らすべてにこれらの真理に関する知識を与えるのである[36]」。

この強力な思想を前にして、ある怒り狂った手が、自分の手元にあるこの著作に次のような数行をなぐり書きした。「この破廉恥な駄弁と、ソクラテスの無知の知に対する神託の返答を比べてみよ」[37]。それはジョゼフ・ジャコトの手ではない。ボナルド氏の議会の同僚、メーヌ・ド・ビラン騎士の手であり、その少し先で、子爵が作り上げた体系全体を二行で覆している。曰く、知的行為こそが、人間の子供一人一人にとって言語記号を意味あるものにしているのであり、言語記号が先行するからといって、知的行為が優位であることに何一つ変わりはない。「人間は、自分の乳母から受け継いだそれぞれの単語に観念を結びつけることによって初めて、話すことを身につけるのだ」。一見驚くほどジャコトと一致している。ルイ十六世の元近衛兵中尉と革命歴一年の軍隊の元隊長を、城持ちの行政管理者と国立高等工芸学校の教師を、君主制議会の代議員と亡命した革命家とを何が近づけうるのか、最初はよく分からない。せいぜい大革命勃発当時二十歳だったこと、二十五歳でパリの喧騒を離れ、遠くから、これほどの激変のただなかで古いソクラテスの格言が持ちうる或いは取り戻しうる意味と効力について、かなり長い間思いを巡らせたことくらいだろうか。ジャコト

(34) Bonald, *Recherches philosophiques sur les premiers objets des connaissances morales*, Paris, 1818, t. I, p. 67.〔ボナルド『道徳知識の最初の対象に関する哲学的探究』〕
(35) Bonald, *Législation primitive considérée dans les premiers temps par les seules lumières de la raison*, *Œuvres complètes*, Paris, 1859, t. I, p. 1161.〔ボナルド『理性の光のみにより考察された初期原始法制』〕
(36) *Recherches philosophiques*..., p. 105.
(37) Maine de Biran, « Les Recherches philosophiques de M. de Bonald », in *Œuvres complètes*, Paris, 1939, t. XII, p. 252.〔メーヌ・ド・ビラン「ボナルド氏の哲学的探究」〕

はこの格言をどちらかと言えばモラリスト風に理解し、メーヌ・ド・ビランは形而上学者風に理解している。とはいえ、言語記号に対する思想の優位という同じ主張を支持する物の見方を共有していることに変わりはない。双方とも、分析的で観念論的な伝統のなかでそれぞれの思想を形成し、それを同様に総括しているのである。自己認識と理性の能力とを探さなければならないのは、もはや言語記号と思考観念とが互いに透明だということのなかにではない。意志の自由裁量が——それが革命的意志であれ帝国的意志であれ——、昔日の理性がいつか手にすることができるものと思っていた、良くできた言語というあの約束の地を、完全に覆ったのである。それゆえ、思考の確実さは言語の透明さ——その透明さが共和派のものであれ神政派のものであれ——の手前に身を引くことになる。その確実さは思考に固有の行為にかかっている。すなわち、記号のあらゆる結合に先立ちそれを方向づける精神の、この集中状態にかかっている。革命期と帝政期の至高の権力であった意志が再び理にかなったものとなるのは、一人一人が自分に向けるこの努力の内部、能動性としての精神が自己決定することの内部においてである。知性とは、観念の結合である以前に注意であり探究である。そして意志とは、選択の審級である以前に、自らを突き動かす力、それ自身の運動に従って行動する力なのである。

知性を従えた意志

人間についての定義を新たにひっくり返した、「人間は知性を従えた意志である」という言葉が示しているのは、この根本的な方向転換である。意志は、観念主義者と事物主義者の争いから引き離されるべき理性的な力である。デカルトにおける「コギト」の平等ということを明確にする必要があるのも、この意味においてである。あらゆる感覚およびあらゆる身体から自らを切り離すことによってしか自らを思考するものとして認識することのないような思考する主体とは反対に、この新しい思考する主体は、自分自身ならびに自分の身体に対して及ぼす作用において自らを感じ取る。そういうわけで、普遍的教育の原則に従い、ジャコトは蜜蠟についてのデカルトの有名な分析を彼なりに翻訳したのである。「目を凝らそうと意志することで、私は見る。耳を傾けようと意志することで、私は聞く。手探りしようと意志すれば腕が伸び、物の表面をさまよったりその内側に入ったりする。私の意志に従うために、手は開き、広がり、伸び、再び閉じ、指は離れたりくっついたりする。この手探りという行為のなかで、私は手探りしようという自分の意志しか知らない。この意志は私の腕でも、手でも、脳でも、手探りでもない。この意志、それは私であり、私の魂であり、私の力であり、私の能力である。私はこの意志を感じる、それは私にとって現に存在している、それは私自身である。どのように私が〔知性や身体を〕従えるのかに関しては、私はそれを感覚するのではなく、ただ意志の行為を通じてのみ認識するのである。（…）私は観念の形成を手探りとみなす。私はいつでも持ちたいときに感覚を持つ。自分の感覚器官にそれを運んでくるように命じるのだ。私は望むときに観念を持つ。自分の知性にそれを探すように、手探りするように命じるからだ。手や知性は、それぞれ自分に割り当てられた機能を持つ奴隷である。人間は知性を従えた意志なのである[38]」。

「望むときに観念を持つ」。デカルトは、意志が思考能力に及ぼす力がどういうものかよく分かっていた。だが、彼はそれをまさに虚偽の力として、誤りの原因として認識していた。つまり、観念が明確ではっきりしているわけではないのに、性急に断言しようとすることとして認識していたのである。だが反対に、知性を誤らせるのは意志の欠如だと言わねばならない。精神の原罪は性急さではない、それは不注意であり、放心なのである。「意志や熟考なしに行動しても、知的行為は生まれない。そこからもたらされる結果を知性の産物とみなしたり、それと比較したりすることはできない。無活動状態のなかに、より多くの活動が見られたり、より少ない活動が見られたりするなどということはありえない。何もないのだから。愚かさは能力ではなく、この能力が放心しているか、眠っているか、あるいはまた休息しているかなのだ[39]」。

　知性の行為とは見ること、そして見たものを比較することである。知性はまず行き当たりばったりに見る。知性が努めなければならないのは、反復すること、つまり、一度見たものを再び見るための、同様の事実を見るための、見たものの原因でありうる事実を見るための諸条件を作り出すことである。また、見たものを他の者たちに言うために単語を、文を、文彩を作り上げることである。要するに、天才諸兄にはお気に召さないだろうが、知性が行使される最もありふれたやり方は反復なのである。そして反復は退屈である。だから第一の悪徳は怠惰によるものである。ぼんやりしたり、中途半端に見たり、見ていないことを言ったり、見えるような気がすることを言ったりする方が楽なのだ。こうして、気の抜けた文や、どんな精神の冒険を翻訳することもない「故に」ができあがる。「できません」というのは、そういう気の抜けた文の好例だ。「できません」はどんな事実も名指していない。精神のなかに、この主張に対応するようなことは何ひとつ起こりはしない。厳密に言うと、この主張は何も言おうと意志し〔vouloir dire ＝意味し〕ないのである。こうして、意志が知性に歩みを強制するか放免するかに従って、発せられる言葉は内容に満ちたものになったり内容のないものになったりする。意味は意志の成果である。それが普遍的教育の秘密だ。それは天才と呼ばれている者たちの秘密でもある。必要な習熟に体を適応させ、新しい観念を、そしてその観念を表現する新しい方法を知性に命じるべく、彼らは倦むことなく努めているのだ。偶然が引き起こしたことを故意に再び行い、不幸な状況を成功の機会へと転じるために。「それは子供についてと同様雄弁家についても言えることである。我々が人生を通じて自己を形成するように、雄弁家は集会を通じて自己を形成する。（…）前回の集まりで偶然笑い者になった者は、彼をとまどわせ、それ以上話し続けられなくしてしまった嘲弄のどよめきをもたらしたすべての相関関係を吟味すれば、いつでも望むときにひとを笑わせることを身につけられる。デモステネスはそのようにして雄

（38）『知的解放』誌 t. IV, 1836-1837, p. 430-431.
（39）『法学およびパネカスティック哲学』p. 278.

弁家としての第一歩を踏み出した。望まずして笑わせたことで、どうすればアイスキネスに対する敵意ある爆笑を引き起こせるか学んだのだ。だがデモステネスは怠惰ではなかった。怠惰だったはずがない(40)」。

「人は為そうと意志することとすべてを為しうる」と普遍的教育はさらに明言する。だが「意志する」の言わんとすることを取り違えてはいけない。普遍的教育は、意志の驚くべき力を探求することによって進取の気性に富む挑戦者が得られるような成功の鍵ではない。この縁日のポスターじみたものほど解放という考えに反するものはない。ジャコトは弟子たちが「意志する者はできる〔為せば成る〕」を謳い文句にした学校を開くといらだった。唯一ふさわしい謳い文句は「知性の平等」である。普遍的教育は軽騎兵のやり方〔乱暴なやり方〕なのではない。野心ある者や征服欲の強い者たちがこの教育法に荒々しい例証を添えたのはおそらく事実である。彼らの情熱はアイデアの無尽の宝庫なので、自分たちが知識を持たない分野にもかかわらず、将官、学者、金融業者を不手際なく指揮することにたちまち通じるようになる。だが、我々の興味を引くのはこの演劇的効果ではない。野心家は、自らを誰にも劣らないと判断することによって知的能力の面で得るものを、自らを他のすべての者より優れていると判断することによって再び失うのである。我々の興味を引くのは、自らを他のすべての者と平等だと判断し、他のすべての者を自らと平等だと判断するとき、すべての人間が持つことになる能力を探究することである。意志という言葉によって我々が言おうとしているのは、理性を備えた存在が、行動するものとして自らを認識することで、自分自身へと回帰することである。この理性的性格の源、すなわち現に活動する理性的存在として自己を意識し、自己を評価することこそが、知性のはたらきを養うのである。理性的存在とはまずもって、自らの持つ力を知り、その力について自らを欺くことのない存在なのである。

真摯さの原則

根源的な嘘は二つある。「私は真理を言っている」と明言するものと「私には言えない」と表明するものである。自分自身へと回帰する理性的存在は、この二つの命題が空しいことを知っている。根本的な事実は、自分を知らないでいるのは不可能だということである。人間は自分に嘘をつくことはできない、ただ自分を忘れることができるだけである。「私にはできない」というのは、したがって自己忘却の言い回しであり、理性的な個人はそこにはもういない。巧みに騙そうとするどんな精霊も、意識とその行為の間に割って入ることはできない。そしてまた、ソクラテスの格言をひっくり返す必要もある。「誰も意図的に悪人なわけではない」と彼は明言していたのだった。我々は逆に「すべての愚行は悪徳に由来する」[41]と言おう。悪意、すなわち怠惰によるのでなければ、理

(40) 『母語』p. 330.
(41) 『母語』p. 33.

性的存在が自分自身に対して負う義務についての話をこれ以上聞きたくないという願望によるのでなければ、誤る者はいない。悪の根源は、行為の目的である善について誤った認識を持つことにあるのではない。自分自身に対する不誠実にあるのだ。「汝自らを知れ」は、プラトンにおいてのように、「汝の善はどこにあるのか知れ」を意味するのではもはやない。「汝に立ち帰れ、汝のうちで汝を欺くことのできないものに立ち帰れ」を意味するのだ。汝の無能さは、歩くのを億劫がる怠惰でしかない。汝の謙虚さは、他人の目の前でしくじることに対する傲慢な怯えでしかない。しくじることなど何でもない。悪とは、取りとめのないことを言うこと、自分の道から外れること、自分の言うことにもはや注意を払わないこと、そして自分が何者であるか忘れることなのだ。だから汝の道を行け。

この真摯さの原則が解放の実験の中心にある。それはいかなる学識の鍵でもないが、各人の真理に対する関係のなかで特権的なものであり、各人を自分の道に、探究者としての軌道に据えるものだ。知る能力の道徳的な基礎なのだ。この知る能力そのものの倫理的な基礎づけは、またもや時代の思想、革命と帝政の経験についての考察のたまものである。だが当時の思想家の大部分は、それをジャコトとは逆に解釈していた。彼らは知的同意を命じる真理を、人間を結びつける絆と同一視していた。真理とは結集するものであり、誤りとは分裂であり孤独である、というわけだ。社会、社会制度、社会が追及する目的、こうしたものが、正しい知覚に達するために個人はどのような意志に一体化しなければならないのかを定めているのである。神政主義者のボナルド、続いて社会主義者ビュシェ、また実証主義者オーギュスト・コントはそのように考えた。折衷主義者たちは、常識〔共通の感覚〕が存在し、哲学者だろうと靴直し職人だろうと、各々の心に偉大なる真理が書き込まれていると考えていたので、それほど厳格ではなかった。とはいえ、これらの者はすべて同質的《アグレ》な集団化《ガシヨン》を目指す者たちである。そしてジャコトはその点ではっきりと一線を画している。真理は結集すると言いたければ言うがよい。だが人間を結集し、結びつけるのは、集団化の不在なのである。ポスト革命期の指導者たちの思考を石のように硬直させてしまっている、社会における接合剤《セメント》という考えを追い払おう。人間が結びついているのは人間だから、つまり隔たりあう存在だからである。言語は人間を一つにまとめはしない。それどころか、言語の恣意性こそが、人間に翻訳することを強い、互いの努力を伝え合うようにさせる——そしてまた共通の知性を行使させる——のだ。人間というものは、話をしている者が自分で何を言っているのか分かっていないときには、とてもよく分かる存在なのだ。

　真理は人間を一塊に集団化させはしない。人間のために身を捧げたりはしない。真理は我々からは独立して存在しており、我々が文章によって細分化しようとしたところでそれに従いはしない。「真理はそれ自体で存在する。真理は在るものであり、言われるものではない。言うことは人間に依存しているが、真理はそうではない[42]」。しかし、だからといって真理は我々にとって無縁なもの

(42)『知的解放』誌 t. IV, 1836-1837, p. 187.

ではないし、我々は真理の国から追放されているわけでもない。〔真理に対する〕真摯さの実験は、我々をその不在の中心に結びつけ、その焦点のまわりを回らせる。何よりもまず、我々は真理を見たり示したりできる。たとえば「私は自分の知らないことを教えた」というのは真理である。それは現実に存在した事実であり、再び起こりうる事実の名である。この事実の理由はといえば、それは今のところ一つの臆見であり、事によるとずっと臆見のままであるかもしれない。しかし、この臆見を携えて、我々は事実から事実、関連から関連、言い回しから言い回しへと、真理のまわりを回るのである。重要なのは偽らないこと、目を閉じていたのに見たと言わないこと、実際に見たのとは違うことを語らないこと、そして単に名指しただけなのに説明したのだと信じないことである。

そのように我々一人一人が、真理のまわりに自分の放物線を描く。似通った軌道は二つとない。そしてだからこそ、説明家たちは我々の公転《レボリューション》〔革命〕を危地に陥れるのである。「人類が物を考える際に描くこれらの軌道はめったに交叉しないし、いくつかの共通点を持っているにすぎない。これらの軌道の種々雑多な線が重なり合うとすれば、それはなんらかの障害がもたらされたことによるものでしかありえない。この障害によって知性の自由は妨げられ、結果としてそれに引き続く知性の行使も中断されるのだ。生徒はたった今引きずり込まれた道を自分から辿りはしなかっただろうと感じる。そして知的空間には彼の意志に対して開かれた幾多の小道があることを忘れてしまうのだ[43]」。このような軌道の一致こそ、我々が愚鈍化と呼んできたものである。だとすれば、この一致が巧みに、気づかれないように行われれば行われるほど、愚鈍化がより深刻なものとなるのはなぜなのか、我々は理解する。それゆえにこそ、一見普遍的教育に非常に近いようにみえるソクラテス式学習・教育法が、最も恐るべき愚鈍化を体現しているのである。生徒を彼自身の知へ導くと主張するソクラテス式問答法は、実は調馬教師の手法である。「彼は旋回、行進、退行を命じる。彼の方では、自分が指導する精神の調馬の間休息を取り、命令を下すことの威厳に浸っている。さんざん回り道をしたあげく、精神は出発したときには垣間見ることさえなかった目的地に到着する。そこに触れて驚き、振り返ると案内役がいるのに気づく。驚きは感嘆に変わり、この感嘆が精神を愚鈍にする。生徒は自分一人で放っておかれていたらこの道を辿ることはなかっただろうと感じる(44)」。

自分自身の軌道を辿るのでなければ、何者も真理と関係を持つことはない。だからといって、何者もこの独自性を鼻にかけ、「プラトンハ親シキ友。サレド、真理ハ更ニ親シキ友ナリ」などと主張せぬことだ。それは芝居がかった表現だ。そう主張したアリストテレスがしたことも、プラトンがしたことと異なりはしなかった。プラトンと同じように、彼は自分の臆見を語り、自分の知的冒険を語り聞かせ、その道のりのなかでいくつかの真理を摘み取ったのである。真理の方では、自分の友だと自称する哲学者たちなど当てにしてはいない。真理は自分自身の友でしかないのだ。

(43) 『法学およびパネカスティック哲学』p. 42.
(44) 同書 p. 41.

理性と言語

真理は語られるものではない。真理は唯一不可分だが、言葉は分割する。真理は必然的だが、言語は恣意的である。言語は恣意的であるという主張のせいで、普遍的教育の宣言以前にさえ、ジャコトの教育は醜聞の対象として有名になった。ルーヴェンでの彼の最初の講義のテーマは、十八世紀のディドロやバトゥー神父から引き継いだ次の問いだった。「いわゆる「直接」構文、すなわち動詞および属詞の前に名詞を置く構文は本当に自然な構文なのか。そしてフランスの作家たちにはこの構文を彼らの言語の知的優越のしるしとみなす権利があるのか」。彼はきっぱりと否定した。ディドロに賛同して、「反対の」語順はいわゆる自然な語順と同じくらい、もしかするとそれ以上に自然であると判断し、分析言語に先んずる感情の言語があると考えた。だがとりわけ、自然な語順という観念そのもの、そしてこの観念がもたらしうる序列を退けた。すべての言語は同等に恣意的である。知性の言語、他の言語より普遍的な言語というものはないのだ。

ただちに反駁があった。ブリュッセルの文芸雑誌、『オプセルヴァトゥール・ベルジュ』誌の最新号で、若い哲学者ファン・メーネンは、この説を寡頭制の支配者に理論的保証を与えるものだとして告発した。その五年後、『母語』が出版された後で、今度は一人の若い法学者が激昂した。彼はファン・メーネンと親しく、ジャコトの講義を受けそれを出版さえした男だった。その著書『ジヤコト氏の書物に関する試論』のなかで、この男ジャン・シルヴァン・ファン・デ・ヴェイエルは、ベーコン、ホッブズ、ロック、ハリス、コンディヤック、デュマルセ、ルソー、デステュット・ド・トラシー、ボナルドの後で、思想は言語に先立つとなおも言ってのけるこのフランス語教師ジャコトを叱責したのである。

こうした血気盛んな若い反論者の立場は容易に理解できる。彼らは愛国的かつ自由主義者でフランス語話者であり、オランダの支配に対して知的抵抗をしているベルギーの青年層の典型なのだ。諸言語の序列とフランス語の普遍性を撤廃することは、彼らにとって、国のより文明化されていない方の地域で用いられている遅れた言語であり、しかしまた権力の秘密の言語でもある、オランダ人支配集団の言語を優遇してやるようなものなのだ。彼らに続いて『ムーズ川通信《クリエ・ドゥ・ラ・ムーズ》』誌が、「ジャコト式学習・教育法」は、オランダ語とオランダ文明——文明と呼べるなら——を手っ取り早く押しつけるために、ちょうどよい時にやってきた、と非難した。だが、それよりももっと深い問題が潜んでいる。ベルギーのアイデンティティを唱えつつ知的祖国としてのフランスを擁護するこうした若者たちもまた、ボナルド子爵の『哲学的探究』を読んでいた。そしてそこからある根本的な思想を汲みとっていた。それは、言語の法則、社会の法則、思考の法則は類比関係にあり、それらは神の法則のなかに原理的な統一を見出す、という思想である。その反面、彼らはどうも子爵の哲学的および政治的メッセージからは距離をとっているようである。彼らはただ一つの国民に基づく立憲君主制を望み、神によって各々の心に刻まれた形而上学的、道徳的、社会的な偉大なる真理を、精神が己のうちに自由に見出すことを望んでいた。彼らの哲学のスターは、ヴィクトル・クーザンという名のパリの若い教授だった。言語が恣意的だという説のなかに彼らが見て取ったのは、真理発見の道においては哲学者の思索が庶民階級の者の常識と一致しなければならないにもかかわらず、意思の疎通の核心に非合理的なものが入り込むということだった。ルーヴェンの外国人教師の逆説のなかに、彼らはある種の哲学者たちの悪癖が存続しているのを見て取った。そういう哲学者たちは「先入観だと言って非難を浴びせかけるとき、彼らが自分たちからほど遠からぬところにその発祥を見いだした重大な誤りと、根源的な真理とをしばしば混同してしまう。彼らはこれらの真理も同じ起源に結びつけてしまっているのだ。というのも、本当の起源は論証のメスや冗長な形而上学の顕微鏡では到達不可能な深みのなかにあって彼らには隠されたままであり、そこへ降りて実直な感覚と素朴な心だけを明かりに進んでいくことは、久しい以前から忘れ去られてしまったからだ(45)」。

実際のところは、ジャコトはこのような深みに降りていくことを学び直したいとは思っていないということだ。彼は実直な感覚と素朴な心のとめどない言葉に耳を貸さないのだ。思考の法則が言語の法則および社会の法則と一致することにおいて保証されるような臆病な自由など、まったく望んではいないのだ。自由はいかなる予定調和によっても保証されない。それは一人一人の努力によってのみ捉えられ、勝ち取られ、失われるのだ。そして、言語の構成や国家の法則のうちにすでに書き込まれていることによって確保されるような理性は存在しない。言語の法則は理性とは何の関係もなく、国家の法則は理性からの逸脱と大いに関係がある。もし神の法があるとすれば、それを証言するのは、それ自身のうちにとどまる思考、つまりその真摯さを固持する思考のみである。人間は話すが故に考えるのではない――そうだとすれば、まさに思考を既存の物質的秩序に従わせるということになってしまう――、人間は存在するから考えるのだ。

だからといって、思考が語られ、成果の形で示され、他の考える存在に伝達されなければならないことに変わりはない。そして、それは恣意的な意味作用を行う言語を通じてなされなければならない。だがその点に意思疎通の障害を見る必要はない。怠惰な者だけがこの恣意性を思ってひるみ、それが理性の墓場だと思ってしまう。それどころか、神から与えられた掟《コード》などなく、言語についての言語などないからこそ、人間の知性はあらゆる術《アート》を用いて自らを理解してもらおうと努め、そしてまた隣人の知性が彼に意味していることを理解しようと努めるのだ。思考は真理として語られるのではなく、真摯さとして表現されるのである。思考は他者のために分割され、語られ、翻訳され、他者はそこから別の物語、別の翻訳を作る。その際のただ一つの条件は、意思の疎通を図ろうとする意志、相手が考えたこと、相手の語り以外に何も保証するものはないその考え――どんな百科辞典もそこに理解すべきことを教えてくれはしない――を推し量ろうとする意志である。意志が意志を推し量るのだ。「知性を従えた意志」という人間の定義が意味を持つのは、この共通の努力においてである。「私は思考し、自分の思考を伝達しようと意志する。するとただちに私の知性が技巧《アート》

(45) *L'Observateur belge*, 1818, t. XVI, nº 426, p. 142-143.〔『オブセルヴァトゥール・ベルジュ』誌〕

をもって何らかの記号を用い、それを組み合わせ、構成し、分析する。こうして一つの表現、一つのイメージができあがる。それは、以後私にとって一つの思考の、すなわち非物質的事実の肖像《ポートレイト》となる、物質的事実である。肖像は非物質的事実を私に思い出させ、この肖像を見るたびに私は自分の思考のことを考えるだろう。私はそうやって望むときに自分自身に話しかけることができるのだ。そうしている間に、ある日誰かと向かい合うことがあり、その人の前で、私はこれまでしてきた身振りや発言を繰り返してみる。その人に意志があれば、彼は私の言いたいことを推し量るだろう。（…）ところで、発言によって発言の意味について合意することはできない。片方が話そうと意志し、もう一方が推し量ろうと意志する、それですべてなのだ。この意志と意志の協力の結果、一つの思考が同時に二人の人間の目に見えるようになる。思考はまず一方にとって非物質的に存在し、次いで彼はその思考を自分自身に言葉にして言って、自分の耳や目のためにその思考に形を与え、最終的にこの形、この物質的な存在が、他の人間にもともとの思考を再現することを望む。こうした創作、あるいはそう言いたければ変形と言ってもよいが、それは互いに助け合う二つの意志の結果である。こうして思考は言葉になり、次いでこの言葉なり単語なりが再び思考になるのだ。ある観念が物質になり、この物質がまた観念になる。これらはすべて意志の結果である。思考はある精神から他の精神へと言葉の翼に乗って飛ぶ。一つ一つの単語はただ一つの思考だけを運ぶことを意図して送り出されるのだが、話す者の知らぬ間に、そして彼の意に反するかのように、この言葉、この単語、この幼虫は、聞く者の意志によって豊饒なものとなる。あるモナドを代弁するものがあらゆる方向に光を放つ思考の球の中心となり、かくして、話者は自分が言わんとしたことに加えて、他の無数に多くのことを実際に言ったことになるのだ。彼はインクを用いてある観念の身体を形作ったのだが、ただ一つの非物質的存在を謎めいた仕方で包み込むために用意されたこの物質《マチエール》は、これら無数の存在、これら無数の思考の世界を実際に含んでいるのである(46)」。

ここまで来れば、普遍的教育の数々の驚くべき成果の理由がもっとよく理解できるだろう。この教育が作動させる原動力は、理性的な二人の存在が意思の疎通を行おうとするあらゆる状況においてはたらく原動力にほかならない。二人の無知な者が、彼らが読む術を知らない書物と関係を持つことで、思考を言葉に、言葉を思考に翻訳し、そして翻訳し返す〔contre-traduire〕ための絶え間ない努力が極限化されるだけのことだ。ここでその作業を統括している意志は、魔術師の秘策などではない。それは理解し理解されたいという欲求であり、それなくしてはいかなる人間も言語の物質性に意味を与えることは決してないだろう。「理解する」という言葉を本当の意味で解さなければならない。それは物事を覆うヴェールを取るなどというしようもない能力なのではなく、ある話者を他の話者に面と向かわせる、翻訳する力なのである。「無知な者」が「もの言わぬ」書物からその秘密を引き出せるのも、この同じ力のおかげなのだ。『パイドロス』の教えるところとは裏腹に、〔書かれた言葉と口に出された言葉という〕二種類の言論があって、そのうち一方は〔誤解や不当な非難に対し

（46）『法学およびパネカスティック哲学』p. 11-13.

て〕「自分だけの力では自分を助ける」ことができず、愚かにいつでも同じことを言う運命にあるというわけではない。口に出されたものであれ書かれたものであれ、あらゆる発言は一つの翻訳であり、それが意味を持つのは、翻訳し返すこと、つまり聞こえた音や書き込まれた痕跡の原因でありうるものを考え出すことによってのみなのである。推し量ろうという意志が、あらゆる手がかりをたどって、一人の理性的な動物が自分に何を言おうとしているのかを知ろうとする。そしてこの理性的な動物の方では、この意志をもう一人の理性的な動物の魂とみなしているのである。

同様に、語ることと推し量ることを知性の主要な二つの作業とすることで物議を醸した例の主張ももっとよく理解されるだろう。きっと真理を言う者や優れた頭脳の持ち主たちは、精神を物質に変え、物質を精神に変える他の方法を知っているのだろう。彼らがその方法について門外漢に口を閉ざすのはよく分かる。したがって門外漢に残されているのは、すべての理性を備えた存在にとってと同様、言葉の運動である。その運動は、真理の隔たりを認識し、かつそれを維持することであると同時に、人間性を意識すること――この意識は、自身の類似性を他の意識と伝え合い確認し合うことを望んでいる――でもある。「人間は感じ取り、そして口をつぐむか、あるいは話そうとするならば際限なく話し続けるか、そのどちらかしかないのだ。際限なくというのは、今言ったばかりのことに何かを付け加えたり差し引いたりして常に訂正していかなければならないからだ。(…)なぜなら、何を言うにしても、「いや、そうではなくて」とただちに付け加えなければならないし、訂正は最初に言ったことよりも完全というわけではないので、この増やしたり減らしたりを繰り返すなかで、終わることのない即興という方法を人はとるからである[47]」。

すでに見たように、即興は普遍的教育の規範にかなった訓練の一つである。だがそれはまず、我々の知性の第一の力、すなわち詩的な〔制作的な〕力の訓練だ。我々には真理を言うことは不可能だが、それでも真理を感じ取りはするので、その不可能さに強いられて詩人として言葉を発し、我々の精神の冒険を語り、その冒険が他の冒険者たちに理解されることを確認し、我々の気持ちを伝え、その気持ちが感情を持つ他の存在たちに共有されるのを見るのである。即興という訓練によって、人間は理性を備えた動物であるというその本性において、つまり、「語、文彩、比喩を為し、自分の考えていることを同類たちに語って聞かせる[48]」動物であるというその本性において、自らを認識し、自らを確かめる。我々の知性の力は、知ることよりも為すことである。「知ることは何でもない、為すことがすべてだ」。だが、この為すこととは根本的に伝達の行為である。そしてそのためには、「話すことが何事によらず為す能力の最良の証拠である[49]」。話すという行為において、人は自らの知を伝えるのではない。人は詩作し、翻訳し、他者たちに同じようにするよう勧めるのである。人は職人《アーティザン》として、つまり語を道具のように取り扱う者として伝達を行う。その手が作り出

(47)　同書 p. 231.
(48)　『音楽』p. 163.
(49)　同書 p. 314.

したものによっても、その言論を構成する語によってと同じように人と人は通じ合う。「人が物質にはたらきかけるとき、この身体の冒険は彼の精神の冒険の物語になる」[50]。そして職人の解放は、まずこの物語を捉えなおすこと、彼の物質的な活動は言論の性質を持つのだと意識することである。彼は詩人として、つまり自分の考えは伝達可能であり、自分の感情は共有可能だと信ずる者として伝達する。だからこそ、普遍的教育の論理においては、あらゆる営みとその産物は言論であるという考え方と話す訓練とが、すべての習得に先立つ条件なのである。自らを解放するためには、職人は自分の作り出したものについて話さなければならない。生徒は習得したい技について話さなければならない。「人間の作り出したものについて話すことは、人間の技を知る方法なのだ」[51]。

私だって画家なんだ

そういうわけで、始祖ジャコトは奇妙な学習・教育法による他の数々の気違いじみた行いの一環として、デッサンと絵画を学ばせた。彼はまず描こうとしているものについて話すよう生徒に要求する。仮に模写すべきデッサンだとしよう。取るべき処置について、作品を描き始める前に子供に説明を与えるのは危険である。理由は分かっている。そのせいで子供が自分の無力さを感じてしまう恐れがあるからだ。だから子供の模写しようという意志に任せることにしよう。ただし、この意志を確認するようにしよう。鉛筆を握らせる何日か前にデッサンを与えて見せ、それについて口頭で報告をするように求める。おそらく初めはたいしたことは言わないだろう、たとえば「この顔はきれいです」というような。だが訓練を繰り返し、同じ顔を見せてもう一度目を凝らすように、そしてすでに言ったことをまた言ってもよいから、あらためて話すように言う。こうして生徒はより注意深く、そして自分の能力により意識的になって、模写することができるようになる。この成果の理由を我々は知っているが、それは視覚的な記憶や所作の訓練などによる成果とは全く別のものだ。この訓練によって子供が確認したこと、それは絵画が一つの言語であり、模写するように言われたデッサンは彼に話しかけているということなのだ。後にこの生徒を一つの絵画作品の前に立たせ、たとえばこのフォキオンの埋葬を描いたプーサンの絵に表れている「感情の統一性」について即興で話すように求める。おそらく専門家は憤慨するだろう。どうしてプーサンがその絵に込めようとしたのが感情の統一性だと知っているなどと言い切れるのか。それに、仮説に基づくこのような発言は、プーサンの画法や生徒が身につけるべき画法と何の関係があるのか、と。

　プーサンが為そうとしたことを知っていると思い込んでなどいない、と答えよう。ただ彼が為そうとしえたことを想像する訓練をしているだけなのだ。そのようにして、あらゆる「為そうとすること」は「言おうとすること」であり、この「言おうとすること」は理性を備えたすべての存在に向

（50）『法学およびパネカスティック哲学』p. 91.
（51）『音楽』p. 347.

けられているということを確認するのである。要するに、ルネサンスの芸術家たちがホラティウスの〔「詩は絵のごとく」という〕格言を反転させて主張した「絵は詩のごとく」という表現は、芸術家専有の知ではないということを確認するわけである。絵画は彫刻、版画その他すべての技巧《アート》と同じく、自分の言語を理解する者であれば誰にでも理解でき、話すことのできる、一つの言語なのである。周知のように芸術分野では、「私はできません」はとかく「それは私に何も語りかけません」[5]によって言い表される。「感情の統一性」、つまり作品が言おうとすることを確認するのは、そういうわけで、絵を描く「術を知らない」者にとって解放の手段であり、それは書物のうえで知性の平等を確認するのとまったく同じことである。

おそらく傑作を描くにはほど遠いだろう。ジャコトの生徒たちの文学的作文を評価した訪問者たちは、しばしば彼らのデッサンや絵画を前にして難色を示している。だが偉大な画家を育てることが問題なのではない。重要なのは、解放された者たち、「私だって画家なんだ」と言える者たちを生み出すことである。この言葉には思い上がりなど微塵もない。それどころか、それは理性を備えたすべての者が持つ能力に対する正当な自覚を表明しているのである。「声高く「私だって画家なんだ！」と言うことに思い上がりはない。思い上がりは、他人たちについて小声で「あなたたちだって画家ではないんだ」と言うことにあるのだ[52]」。「私だって画家なんだ」という言葉が意味するのは、「私にだって魂があり、同類たちに伝えるべき感情があるのだ」ということである。普遍的教育の手法はその道徳と同一である。「普遍的教育では、魂のあるすべての人間は感受性を持って生まれたのだと言う。普遍的教育では、人は喜びや苦痛を感じ、自分しだいでいつ、どのように、そしてどんな偶然の重なりからこの喜びや苦痛を感じたのかを知ることができると考える。（…）そのうえ、人は自分に似た人間たちがいて、自分の苦痛や喜びの原因となった状況にその人たちをおきさえすれば、彼らに自分が覚える感情を伝えられることを知っている。自分が何に感動したのか分かれば、伝達手段の選び方と用い方を検討することで、他人たちを感動させようと努めることができる。それは彼が習得すべき言語なのである[53]」。

詩人たちの教え

習得しなければならない。すべての人間には、共通してこの喜びや苦痛を感じる能力がある。だがこの共通性は、一人一人が確認する必要のある潜在的な可能性でしかない。そしてこの共通性が確認されるのは、相違の長い道のりを経ることによってのみである。私は自分の考えの根拠、自分の感情の人間性を確認しなければならないが、そうすることができるのは、それ自体では何も言おうとせず〔何も意味せず〕、この考えや感情とまったく適合するところのない記号の森のなかで、こ

（52）『母語』p. 149.
（53）『音楽』p. 322.

れらの考えや感情を思い切って口にしてしまうことによってのみである。ボワロー以降、十分に把握されていることは明確に表現される、と人は言う。だがこの言い回しは何も意味していない。思考から物質へこっそりと移行するあらゆる言い回しと同じく、それはいかなる知的冒険も表してはいない。十分に把握することは理性を備えた人間に固有のものである。うまく表現することは言語という道具の行使を前提とする職人の営みである。たしかに理性を備えた人間は何でもすることができる。とはいえ、靴にせよ、機械にせよ、詩にせよ、行おうとすることのそれぞれに固有の言語を習得する必要がある。たとえば息子が長い戦争から戻ってくるのを目にする愛情深い母親のことを考えてみよう。彼女は感動のあまり口もきけない。だが「この長い接吻の数々、幸福のさなかにも不安げな愛、新たなる別離をおそれているような愛を込めた抱擁、涙に濡れながら喜びに輝く目、微笑むことで涙というどちらともとれる言葉の通訳をつとめる口、接吻、まなざし、姿勢、溜息、そして沈黙さえ(54)」、これらすべての即興は要するに、この上なく雄弁な詩ではないだろうか。そこから激しい感情をひしひしと感じることだろう。それでも、その感情を伝えようと努めてほしい。相矛盾し無限に陰影に富んだこうした思いや感情は瞬間のものであるがゆえに、それを伝え、語や文が錯綜する森の中を旅させなければならない。だが、それは発明によってなされるものではない。というのも、そうであるとすれば、この考えの個人性と共通の言語との間に第三項を想定しなければならないからだ。それはさらに別の言語ということになるので、それを発明した者が理解されることなどどうしてあるだろう。それならどうするかといえば、これを表現するための道具を習得しなければ、すなわち書物の中に見つけなければならない。文法学者の書物の中にではない。彼らはこの旅について何も知らないから。雄弁家の書物の中にでもない。彼らは推し量ってもらおうとはせずに耳を傾けさせたがっているのだから。彼らは何も言おうとせず、命令しようとしているのだ。知性を束ね、意志を服従させ、行動を強制しようとしているのだ。学ばなければならないのは、感情と表現との隔たり、感情の黙せる言葉と言語の恣意性との隔たりの上で作業してきた者のもとでであり、魂が自身と行う言葉なき対話を聞こえるようにしようと試みてきた者、自らが語ることの全信用《クレジット》を、すべての精神は類似しているはずだという賭けにつぎ込んだ者のもとでである。

それだから、天才という肩書で飾られるあの詩人たちのもとで学ぶことにしよう。この天才という威圧的な言葉の秘密を我々に明かしてくれるのは彼らなのだ。天才の秘密、それは普遍的教育の秘密である。すなわち、学び、反復し、真似し、翻訳し、分解し、再構成することである。十九世紀には、たしかに超人的なインスピレーションを引き合いに出し始めた天才たちもいた。だが古典主義者たちはこのような天賦の才を糧としていたわけではなかった。ラシーヌは自分の実際の姿、つまりあくせく働く者であるということを恥じはしなかった。彼はオウムのようにエウリピデスやウェルギリウスを暗記した。そしてそれを翻訳しようとして、出てくる表現を分解し別のやり方で再構成した。彼は詩人であるとは二回翻訳することだと知っていた。母親の苦悩を、女王の憤怒を、

（54）『母語』p. 281.

あるいはまた愛人の激高をフランス語の詩句に翻訳することはまた、それらの事柄に関してエウリピデスやウェルギリウスが行った翻訳を翻訳することでもあるのだ。エウリピデスの『ヒッポリュトス』から、フェードルは当然として、さらにアタリーやジョザベトも翻訳してこなければならない。というのも、ラシーヌは自分のしていることについて錯覚などしていないからだ。彼は自分が観客たちよりも人間の感情をよく分かっているとは思っていない。「仮にラシーヌが母親の心情を私よりよく分かっていたのだとすれば、彼がそこに読みとったことを私に言うのは時間の無駄だっただろう。というのも、もしそうなら私は自分の記憶のなかに彼が観察したことを見つけ出せないし、したがって感動もしなかっただろうから。この偉大な詩人はまったく反対のことを想定していた。彼が推敲し、あれほど苦心し、一語を削り、一表現を変更するのはひとえに、すべてが、まさに彼自身が理解したとおりに読者たちにも理解されるようにと願ってのことなのだ」[55]。あらゆる創作者同様、ラシーヌは本能的に普遍的教育の手法を、すなわちその道徳を用いているのである。彼は偉大な思想を持つ人間などおらず、ただ偉大な表現をする人間がいるだけなのだということを知っている。彼は詩の力のすべては二つの行為、翻訳することと翻訳し返すことに集約されることを知っている。彼は翻訳の限界と翻訳し返すことの力を分かっている。詩とは、ある意味で、常にもう一つの詩の不在であることを知っている。母親の情愛や愛人の激高が即興する、あの黙せる詩の。稀にいくつかの効果においては、詩は黙せる詩に近づき、それを模倣するに至る。たとえばコルネイユが「Moi〔私〕」や「Qu'il mourût !〔死んでしまったらよかったのに〕」によって、一音や二音でそうしているように。それ以外のものに関しては観客による翻訳のし返しに依存している。詩が表現する感情を生みだすのはこの翻訳のし返しである。言葉に再び生命を吹き込むのは、あの「あらゆる方向に光を放つ思考の球」である。詩人のあらゆる努力、あらゆる作業は、一つ一つの語、一つ一つの表現のまわりに、このオーラを生み出すことである。そのためにこそ、詩人は他人の表現を分析し、詳細に調べ、翻訳するのであり、そしてまた自分の表現を絶えず削除し訂正するのである。詩人は、すべてを言うことはできないと知っていながら、すべてを言おうと努める。というのも、すべてを言おうとする翻訳者のこの無条件的な精神集中が、別の精神集中、別の意志の可能性を開くことを知っているからだ。言葉はすべてを言うことを可能にはしない。だからこそ、「ラシーヌが言おうとしたこと、人間として言うであろうこと、口をきかぬときに言っていること、詩人でしかないうちは言いえないことを推し量るために、私は自分自身の天才、すべての人間が持つこの天才を用いなければならない[56]」。

「天才」の、すなわち解放された芸術家の、真の謙虚さである。彼は自分の持つすべての力、すべての技《アート》を用いて、自分の詩をもう一つの詩の不在として我々に示そうとする。彼は、そのもう一つの詩を我々も彼と同じくらいに熟知していると信用しているのだ。「我々は自分をラシーヌのよ

(55)『母語』p. 284.
(56) 同書 p. 282.

うだと信じているが、それも道理にかなっている」。この信は、軽業師にありがちないかなる思い上がりともまったく関係がない。だからといって、我々の詩句がラシーヌの詩句と同じくらい価値があるとか、間もなくそうなるだろうとかということではまったくない。この信がまず意味するのは、我々はラシーヌが我々に言おうとすることを理解し、彼の考えは我々の考えと異なる種類のものではなく、彼の表現は我々によって翻訳し返されることで初めて完成する、ということである。我々はまず彼によって、我々が彼同様に人間なのだと知る。また同様に彼によって、記号の恣意性を通して我々にそのことを知らしめる言葉の威力を知る。我々とラシーヌとの「平等」を、我々はラシーヌの仕事の成果として知る。彼の天才は知性の平等という原則に基づいて仕事をしたこと、話しかける相手よりも自分の方が優れているとは考えなかったことであり、ラシーヌなどコーヒー〔の流行〕のようにすぐすたれるだろうと言っていた者たちに向けてさえ仕事をしたことである。後は我々がこの平等を確認し、この威力を我々自身の仕事によって勝ち取らなければならない。それはラシーヌの悲劇と同等の悲劇を書くという意味ではない。そうではなく、我々が感じることを語り、言語の恣意性を通して、あるいはまた我々の手の営みに対するあらゆる物質の抵抗を通してそれを他者たちに感じさせるために、ラシーヌと同じくらい注意を払い、同じくらい技巧《アート》を探究するということだ。教師の愚鈍化する教えと逐一対立する芸術家の解放する教えとは、以下のようなものである。職業人であることに満足せず、すべての仕事を表現の方法にしようとすること、また感じ取ることに満足せず、共有してもらおうと努めること、このような二重の手続きを踏む限り、我々一人一人が芸術家なのだ、という教えである。説明家が不平等を必要とするように、芸術家は平等を必要とする。こうして芸術家は理性的な社会のモデルを描く。それは理性の外部にあるものそのもの――すなわち物質、言語記号――が理性的な意志によって貫かれているような社会である。他者たちに、いかなる点において自分たちが彼らと同類であるのかを語り、それを感じさせようとする意志によって。

平等な者たちの共同体

こうして、芸術家たちの社会であるような解放された者たちの社会を夢想することができるようになる。そのような社会は知る者と知らない者、知性の所有権を持つ者と持たない者との間の分割を破棄するだろう。その社会には行動的な精神を持つ者たちしかいないだろう。つまり何かを為し、自らが為すことについて話し、そうすることで自分のあらゆる営みとその産物を、すべての人同様自分のうちにもある人間性を告げるための方法に変換する者たちである。そのような者たちは、隣人に比べ生まれつき知性をより多く持っている者などおらず、ある者が示す優越はただ、他の者が一心に自分の道具を操るのと同じように言葉を操ることに一心に打ち込んだ成果にすぎないと知っているだろう。そしてまた、他のある者が劣っているのは、その者がよりいっそう探究せざるをえなくなるような状況がなかったことの帰結であると知っているだろう。要するに、これこれの者が自身に固有の技において示す完成度は、理性を備えたすべての人間に共通な能力、嘘偽りがもはや意味をなさない意識の非公開審理のなかに引きこもるとき誰もが感じるあの能力の、個別な適用にすぎないと彼らは知っているだろう。人間の尊厳はその人の地位と無関係であること、「人はしかじかの特殊な地位を占めるためにではなく、境遇と関係なく自分自身が幸せであるために生まれる」[57]こと、愛する妻、息子、友人の目に輝く感情の反映は、繊細な心の持ち主に、その心を満たすことのできるものを十分に示すことを、彼らは知っているだろう。

このような者たちは、使命が情念に呼応しているような協同生活空間《ファランステール》、平等者の共同体、職務と財源を調和よく配分する経済機構といったようなものを創り出そうとあくせくしたりはしない。人類を結びつけるために、すべての者が有する同一の知性にまさる絆はない。知性こそ、同類であることの正確な基準であり、我々の心の中に、互いを助け合い、愛し合うように向かわせる情愛があることを明かすのである。同類が同類からどの程度の助力を期待できるか予測したり、同類に感謝を示す手段を準備したりできるようにするのは、この知性である。だがそのことを功利主義者のように話すのはやめよう。人が人に期待できる最大の助力は、喜びや苦しみ、希望や恐れを伝え合い、それによって互いの心を動かす能力に由来する。「もし人間が、互いの心を動かし同情し合う能力、そのための平等な能力を持っていなかったなら、そのうち互いに無縁な者になってしまうだろう。人間は行き着くままに地球上に四散し、社会は崩壊するだろう。(…) この能力の行使は、我々の喜びのなかで最も甘美なものであると同時に、我々の必要のなかで最も避けられないものである」[58]。

そういうわけなので、この賢者の民はどのような法律を持っていて、彼らにはどのような行政官たちがいて、彼らの議会と法廷はどのようなものなのか、などとは尋ねないでおこう。理性に従う人間は法も行政官も必要としない。ストア学派の者たちはすでに知っていた。自らを知っている徳、自らを知るという徳は、他のすべての徳に潜在する力だということを。だが我々はさらに、この理性〔raison〕が賢者の特権ではないことを知っている。常軌を逸しているのは、不平等と支配とに執着する者、すなわち、自分が正しさを有している〔*avoir raison*〕ことを欲する者だけである。理性は、正しさを有する目的で組み立てられた言説の止むところ、平等の認知されるところに始まる。その平等は法や武力によって発令されたもの、そのように受動的に受けられる平等ではなく、実地の平等である。つまり、自分自身に絶えず注意を払い、真理のまわりを果てしなく公転し続けながら、他人に理解してもらうために適切な文章を見つけようと歩んでいく者たちが、一足ごとに確認検証していく平等なのである。

だから嘲笑者たちの問いをひっくり返さなければならない。どうして知性の平等などということが考えられるだろう、と彼らは言う。そのような臆見が居座れば、どうして社会の混乱が引き起こされずにいられよう、とも言う。だが反対に、平等なくしてどうして知性が可能だろう、と問わな

(57) 同書 p. 243.
(58) 『音楽』 p. 338.

ければならない。知性とは、自身の知識とその対象を比較することを引き受けるような理解力なのではない。知性とは、相手の確認を通して自らを理解せしめる力なのである。そしてただ平等な者のみが平等な者を理解する。平等と知性は、理性と意志がそうであるのとまったく同じように、同義語なのだ。すべての人間の知的能力を根拠づけるこの同義性はまた、社会一般を可能にする同義性でもある。知性の平等は人類の共通の絆であり、人間社会が存在するための必要十分条件なのである。「もし人間たちが互いを平等であるとみなすならば、政体は瞬く間にできあがるだろう[59]」。たしかに、我々は人間が平等であることを知っているわけではない。おそらくそうなのだと言っているのだ。それは我々の臆見であり、我々のようにそれを信じる者たちとともに、それを確認しようと努めるのである。とはいえ、この「おそらく」が人間社会を可能とするものそのものであるということを、我々は知っているのだ。

（59）『パネカスティック哲学』誌 t. V, p. 265.

第四章　侮蔑社会

だが可能な社会というものはない。ただ現存する社会があるのみである。我々は夢想にふけってしまっていた。しかし、ここで誰かが扉を叩く。公教育省の使者が、王国の領土内で学校を経営するために必要な条件に関する王令を、ジャコト氏に報せに来たのである。また、デルフトの士官学校の将校が、ルーヴェンのこの奇妙な軍事師範学校をしかるべき姿に戻すために派遣されて来たのである。そして郵便配達夫が、若者を堕落させる新手の教育論である普遍的教育に対して攻撃のらっぱを鳴らす我々の同業者、フランキスクス・ヨセプス・デュムベックの「祈りの文句《オラシオ》」を掲載した『ルーヴェン・アカデミー会報』の最新号を配達しに来たのである。曰く、「*Cum porro educatio universum populum amplectatur, cujus virtus primaria posita est in unitatis concentu, perversa methodus hanc unitatem solvit, civitatemque scindit in partes sibi adversas* (…) *Absit tamen hic a nostra patria furor! Enitendum est studiosis juvenibus, ut literarum et pulchri studio ducti non solum turpem desidiam fugiant ut gravissimum malum; sed ut studeant Pudori illi et Modestiae, jam antiquitus divinis honoribus cultae. Sic tantum optimi erunt cives, legum vindices, bonarum artium doctores, divinorum praeceptorum interpretes, patriae defensores, gentis totius decora* (…) *Tu quoque haec audi, Regia Majestas! Tibi enim civium tuorum, eorumque adeo juvenum, cura demandata est. Officium est sacrum dissipandi ejusmodi magistros, tollendi has scholas umbraticas.*〕(60)

オランダ王国は小さな国家ではあるが、大きな国とまったく同様に文明化されている。その公的権力は、若者の教育と公民の心の調和を、とくに配慮すべき問題の範疇に加えている。資格証明なしに、誰でもがこの国で店を構えられるわけではない。まして、自分の知らないことを教えると豪語する者、若者と学問に対する自らの義務にもう少し高邁な考えを抱いている教員、助教員、大学学長、視学官、役員、大臣たちを笑い者にしようとけしかける者など、もってのほかだ。「コノ気違イ沙汰ヲ　我ラノ国カラ　追放セヨ〔*Absit hic a nostra patria furor!*〕」。我々の言い方ではこうなる。「愚鈍化がその忌まわしい頭をもたげて私に叫ぶ。「去れ、気のふれた改革者よ。お前が私から奪い取りたがっている種族は、絶ちがたい絆で私に結びついているのだ。私はかつてこの世に存在し、今なお存在するものである。そして魂が泥でできた肉体に宿る限り、未来においても存在するであろう。今日、お前が成功を望むことはかつてなく不可能となっている。人々は自分たちが進歩しつつあると信じているし、彼らの一般的な意見《オピニオン》はこの基軸に基づいてしっかりと打ち立てられている。

私はお前の努力を笑う。彼らはそこから動かないだろう[61]」。

重力の法則

我々は思考する者たちが真理のまわりに描く曲線を観察するのに没頭していた。だが物質の運動は別の法則、すなわち引力および重力の法則に従う。あらゆる物体は中心に向かって愚かしく突き進むのである。先ほど述べたように、葉から精神に関わることを、物質から非物質に関わることを、何ひとつ導き出してはならない。というわけで、知性は物質の法則には従わない。だが、そう言え

(60)「教育は国民全体を包含し、その第一の効果は統一的調和に存するのに、ある背徳的な教育法がこの統一性を破壊し、都市をいくつもの敵対する集団に分断している。(…)この気違い沙汰を我らの国から追放せよ。勉強熱心な若者たちは美と文芸への愛に導かれ、最も重大な悪である怠惰を避けるのみならず、いにしえよりこの上ない栄誉によって称えられてきたあの慎み、あの謙遜と結ばれているようにもまた努めるべきである。そのようにして初めて彼らは選り抜きの公民、法の擁護者、美徳の指導者、神の掟の代弁者、祖国の守護者、民族全体の栄誉となるのである。(…)汝もまた聞き給え、国王陛下よ。汝の臣民の監理が委ねられているのは汝にであり、若年期にあってはとりわけそうなのだから。このような類の教師たちを一掃し、このような闇の学校を廃止するのは、神聖なる義務である」。*Annales Academiae Lovaniensis*, vol. IX, 1825-1826, p. 216, 220, 222.

(61)『知的解放』誌 t. III, 1835-1836, p. 223.

るのは個別に捉えられた各個人の知性についてである。知性は不可分であり、共有も分有もされない。したがって、いかなる集合も知性をその固有の属性とすることはできない。仮にできるとすれば、知性は部分の属性ではなくなってしまうだろう。そういうわけで、知性はただ個人のうちにのみあり、個人の結集のうちにはない、と結論づけねばならない。「知性は一つ一つの知的な単体のうちにある。これら単体の結集は、必然的に不活性で知性を欠いたものとなる。(…)人間と呼ばれる二つの知的分子が協力する際には、二つの知性がある。それらは同じ性質のものではあるが、ただ一つの知性がこの協力をつかさどっているわけではない。物質においては、集合体《マス》と分子を動かすのは重力であり、それが唯一の力である。知性を持つ存在という部類においては、知性は個人をしか導かない。したがって、彼らの結集は物質の法則に従う[62]」。

　理性を備えた個々人は、互いに考えを伝え合うために、言語という物質性の諸層を横断するということはすでに見た。だがこの交流は、言語の物質性を横断する時とは逆の関係、知性の結集をあらゆる結集の法則である物質の法則に従わせる関係に基づいて、はじめて成り立つ。ここが愚鈍化の物質的な要である。つまり、非物質的な知性は物質の法則に従うことでしか結びつけられないのだ。真理という不在の星のまわりでそれぞれの知性が自由に公転すること、言葉の翼に乗って自由に意思を伝え合いながら遠隔へ飛行することは、物質界の中心に向かう万有引力によって阻まれ、進路からそらされるはめになる。あたかも知性が二元的世界に生きているかのように何もかもが起こる。マニ教徒の仮説に多少信用を取り戻してやらなければならないのかもしれない。彼らは世界創造のうちに無秩序を見てとり、それを二つの知性の競合によって説明していたのだ。単に善の原理と悪の原理があるということではない。より根本的に、二つの知的な原理が一つの知的創造を行うことはないということである。ボナルド子爵が言語と人間社会をつかさどる神の知性の復活を主張したとき、進歩人のなかには、それに反対して異端の開祖たちやマニ教徒たちの仮説を再発見しようと試みた者たちがいた。彼らは学者や発明家がはたらかせる知性の力を審議会の詭弁や無秩序と比較し、とかくそこに拮抗する二つの原理の作用を見ようとした。英国の保守党議会の狂気沙汰を目撃したジェレミー・ベンサムとその弟子ジェイムズ・ミルにとっても、フランスの革命議会の狂気沙汰を目撃したジョゼフ・ジャコトにとっても、事態は同様のものだった。

だが、あまり性急に不在の神に責任を負わせたり、あまり軽々しくこうした狂気沙汰の当事者たちを無罪放免してやったりするのはやめておこう。おそらく仮説を単純化し、神は一つであって、二重なのは被造物である人間の方なのだ、と言わねばならないだろう。神は人間に、生きていく必要に応えるための意志と知性を与えたが、それは個人に与えられたのであって、種にではない。種は意志も知性も必要としない。種は種の保存に留意する必要はない。種を保存するのは個人である。個人だけが、その役に立つようにと与えられた知性を自由に導くために、理性的な意志を必要とするのである。それに反して、社会集団にはいかなる理性も期待できない。社会集団は在るから在る

（62）『遺作論文集』p. 118.

のであって、ただそれだけのことだ。しかもそれは恣意的なものでしかありえない。社会集団が自然を土台にして作り上げられることが可能だったような場合が一つあることを我々は知っている。知性が不平等である場合だ。その場合には、すでに見たように、社会秩序は自然なものであるだろう。「人間の法、協定に基づく法など、社会秩序を維持するために必要ではないことになるだろう。こうした法に従うことはもはや義務でも徳でもなく、イスラム教国の裁判官《カーディ》やオスマン帝国の近衛兵《イェニチェリ》の知的優位に由来し、こうした種族は人間が動物を支配するのと同じ理由で指揮監督を行うことだろう[63]」。

　実際はそうはなっていないことはよく分かっている。だからこそ、協定だけが社会秩序のなかで支配力を持つことができるのである。だが協定は必ずしも理性から外れるものだろうか。言語の恣意性は意思伝達の合理性の何らの反証にもならないことはすでに見た。だから別の仮説を思い描くことができるだろう。人類を構成している個人の意志の一つ一つは理性的である、という仮説である。その場合には、あたかも人類自体が理性的であるかのようにすべては進むだろう。すべての意志は調和し、人間の集結は混乱も迂回も逸脱もなく、まっすぐに進むだろう。だがそのような画一性は、それぞれが好きなときに理性を使ったり使わなかったりできる個人の意志の自由とどうして両立するだろうか。「ある粒子にとっての理性の瞬間は、隣接する原子たちにとってはそうではない。ある瞬間を取り出してみれば、そこには理性、無思慮、情念、平穏、注意、覚醒、睡眠、停止など、あらゆる方向への進行が常にあるものだ。故に、ある瞬間において、組合、国民、種、属は同時に理性的でも理性から逸脱するものでもあり、この結果は当の集合体の意志にはまったく依存しない。故に、人間の結集が自由でないのは、まさしく一人一人の人間が自由だからなのである」[64]。

始祖ジャコトは「故に」を強調した。彼が展開してみせるのは異論の余地のない真理ではなく、一つの想定であり、彼が観察した事実に基づいて語る、彼の精神の冒険である。意志と知性の結合である精神には、注意と不注意という二つの本質的な様態があることはすでに見た。不注意があるだけで、すなわち知性が気を抜いてしまうだけで、知性は物質の重力に運び去られてしまう。だから哲学者や神学者のなかには、原罪を単なる不注意として説明する者たちがいるのである。この意味では、我々も彼らに賛同して、悪とは放心にすぎない、と言うことができる。だが我々はこの放心が拒絶であることも知っている。不注意な者はなぜ注意を払わなければならないのか分からない。不注意とは第一に怠惰であり、努力から逃れたいという欲求である。だが怠惰それ自体は身体的な麻痺状態なのではなく、己自身の力量を見くびる精神の行為なのである。理性的な意思伝達は自己の評価と他者の評価との平等に基づき、この平等を絶えず確認しようと努める。知性を物質の重力のなかへと突き落とす怠惰は、侮蔑を原則としている。この侮蔑は謙虚さになりすまそうとする。「私にはできません」、と学ぶ務めから逃れたい無知な者は言う。我々は経験からこの謙虚さが何を

(63)『外国語』p. 75.
(64)『遺作論文集』p. 116.

意味するのか知っている。自己に対する侮蔑は常に他者に対する侮蔑でもあるのだ。「私にはできません」と、自分の即興を同輩たちの評価にゆだねたがらない生徒は言う。また、「あなたのやり方《メソッド》は理解できません」と相手が言う。「私にその力量はありません、その方面には暗いのです」、と。この人が何を言いたいのかはすぐお分かりいただけるだろう。「それは常識がないというものですよ、だって私が理解できないのですから。私のような者がですよ(65)」、ということだ。すべての年齢層とすべての社会階層でこんなふうなのだ。「自分が生まれつき不具だと主張するこれらの人々は、気に入らない勉強やしたくもない訓練から逃れるための口実がほしいだけなのだ。信じられないなら、少し待って、彼らに言いたいことを言わせてみよう。そして最後まで聞いていただきたい。本人曰く詩的精神を持ち合わせていないこの謙虚な人物が、慎重に断りを入れた上で、自分がどれほど強固な判断力を持っていると言うか、お分かりになるだろう。なんという洞察力が彼を他人たちから隔てていることだろう。彼は何一つ見逃さないのだ。そのままやらせておけば、ついには様子が一変し、謙虚さは傲慢に変わる。そういう実例はあらゆる村、あらゆる町にある。人がある分野において他人の優越を認めるのは、他の分野において自分の優越を認めさせるためであり、長々と話した末、結局いつでも自分たちの優越の方が自分たちからすればより優れた優越だということになるのが、難なく見られるのだ(66)」。

不平等への情念

したがって、知性に物質と同じ運命を辿るようにさせる不注意の原因は、ただ一つの情念にあると言える。侮蔑という、不平等への情念である。意志を堕落させるのは、富への執着でも他のどんな財への執着でもなく、不平等のしるしの下に思考したいという欲求なのだ。ホッブズはその点についてルソーよりも注意深い文章を書いた。社会悪は「これは私のものだ」と言うことを最初に思いついた者に由来するのではない。「お前は私と平等ではない」と言うことを最初に思いついた者に由来するのである。不平等は何から帰結するのでもない。それは根源的な情念なのだ。もっと正確に言えば、不平等は平等以外に原因を持たない。不平等主義の情念は平等による眩惑、平等が要求する無限の務めを前にしての怠惰、理性的存在が自分自身に果たすべき義務を前にしての恐れである。それぞれが自分の告白する劣等の見返りに何らかの優越を受け取る、名誉と侮蔑の物々交換として社会的な交流を築く方が、つまり互いに比べあう方が楽なのだ。こうして理性的な存在たちの平等は、社会的な不平等のなかで揺らいでしまう。我々が展開してきた宇宙論の隠喩のうちにと

---

(65)『音楽』p. 52.
(66)『母語』p. 278.

どまるなら、自由な意志を重力の物質的体系に従わせ、精神を引力の盲目的な世界に堕としたのは、より重きをなすこと〔＝優越〕への情念である、と言えるだろう。個人に自分自身を、つまり自分の本質が有している、共通の尺度では測りえない非物質性を放棄させ、同質的な集団化《アグレガシオン》を事実として生み出し、集団的な虚構による支配を引き起こすのは、不平等主義という理性逸脱である。支配への執着のせいで、人は理性的ではありえない協定による秩序の内部で、互いに自分の身を守ることを余儀なくされる。その秩序が理性的ではありえないのは、そこでは各人が理性から逸脱していて、他人より優れていたいという欲望のせいで不可避的に他人の法に服従することになるからである。「我々が人類と呼んでいるこの想像上の存在は、我々一人一人の狂気から成っており、我々個々の叡智に与ることはないのだ(67)」。

　したがって、魂が泥の身体に閉じ込められ、物質の不吉な神に服従することの、盲目的な必然性や不幸な運命を責めるのはやめておこう。不吉な神も、破滅をもたらす集合体《マス》も、根本的な悪もありはしないのだ。あるのはただ不平等へのあの情念、不平等というあの虚構《フィクション》であり、それがさまざまな効果を波及させているのである。それだから、社会的服従を一見矛盾する二通りのやり方で言い表すことができる。まず、社会秩序は撤廃不可能な物質的必然性に支配されていて、いかなる個人も変えることのできない永遠の法則に従って惑星のように回っている、と言うことができる。しかしまた、社会秩序とは虚構でしかない、と言うこともできる。類、種、組合といったものはすべて、いかなる実在性も持たない。ただ個人だけが実在し、個人だけが意志と知性を持つのであって、個人を人類に、社会の法に、そしてまたさまざまな権威に従わせる秩序全体は、想像の産物でしかない、と。この二通りの言い方は結局同じことである。つまり、一人一人の理性からの逸脱が、この押しつぶさんばかりの集合体、あるいはこのばかげた虚構を絶えず創り直しており、すべての公民はそれに自らの意志を服従させなければならないが、一人一人の人間は自らの知性をそこから逃れさせることもできるということである。「弁護士席や議会の演壇や戦争で我々が行い、口にすることは、いくつもの想定によって定められている。すべては虚構なのだ。揺るぎないのは我々一人一人の意識と理性だけである。そもそも社会という状態はこのような諸原則のうえに成り立っている。もし人間が理性に従っているのであれば、法も、行政官も、すべて無用となるだろう。だが実際は激しい情念が人間を駆り立てている。だから反逆を起こし、非常に屈辱的な仕方で罰せられるのだ。我々は各々誰かに抗して他の誰かの支えを探し求めるよう強いられている。（…）人が互いに対する保護を求めて社会をなす瞬間から、この相互的な必要が理性の放棄を示しており、そこにいかなる理性的な結果も期待できないのは明白である。我々が自ら身を捧げる不幸な状態に我々を縛りつけておく以外に、社会にどんなましなことができるだろう！」(68)

したがって、社会は単に非理性的な世界であるのではなく、理性逸脱の世界、すなわち不平等の

(67)　同書 p. 91.

(68)　同書 p. 362-363.

情念にとりつかれ堕落した意志の活動する世界である。個人は比較によって互いを結びつけることでこの理性逸脱を絶えず再生産しているが、これは社会体制が体系化し、説明家たちが頭に植え付ける、あの愚鈍化なのだ。このように理性逸脱を生じさせることは、諸個人が彼らの知的能力の所産を理性的に伝達するのに用いるのと同じくらいの技と知性を用いる作業である。ただし、この作業は喪の作業なのだ。戦争は社会秩序の掟である。だが、この戦争という名の下に、物質的な力のいかなる必然性も、動物的な本能に支配された群れのいかなる暴威も想像してはいけない。戦争は、人間のすべての営みと同じく、第一に言葉を語る行為である。だがこの言葉は、翻訳し返す者の思考があらゆる方向に光を放つ光輪、他の知性、他の言説を引き起こす光輪を拒む。そこではもはや意志は推し量ったり推し量ってもらったりしようと努めない。意志が目的とするのは他者の沈黙、返答の不在であり、同意による物質的な集団化《アグレガシオン》へと精神が陥ることである。

　堕落した意志も知性を用いることをやめはしないが、それは根本的な不注意に基づいてのことである。そうした意志は、優越に寄与するもの、他の知性を無に帰せしめるものしか見ないように知性をしつける。社会における理性逸脱の世界は知性を従えた意志から成っている。だがこうした意志の一つ一つは、他の知性が見ようとするのを妨げることで他の意志を破壊することを自らの仕事とする。そして我々はこうした結果を得るのは難しくないことを知っている。言語の領域は理性の領域に対して根本的に外在的なものであるということが作用するにまかせておけばいいのである。理性的な意志は、真理との距離を保ったつながりと同類に話しかけようという意志とに導かれ、この外在性を制御し、注意の力によってそれを捉え直していた。平等の道から外れた不注意な意志は反対に、精神が集団化し、物質的引力の世界へと陥るのを加速するために、修辞的な様式でこの外在性を用いるのである。

修辞《レトリック》の狂気

修辞〔弁論術〕の力とは、理性〔raison〕を理性の見せかけのもとに無化しようと力を尽くす、理屈をこねる〔raisonner〕技巧の力である。イギリス革命とフランス革命が政治活動の中心に審議会の権力を据え直してからというもの、詮索好きな者たちは、真理の力を真似る虚偽の力をめぐる、プラトンとアリストテレスのたいそうな問いを蘇らせた。こうして、一八一六年にジュネーブのエティエンヌ・デュモンが、友人ジェレミー・ベンサムの『議会詭弁論』のフランス語訳を出版した。ジャコトはこの著作に言及してはいない。だが『母語』における修辞に関する議論の展開にはその跡が感じられる。ベンサム同様、ジャコトも分析の中心に審議会の理性逸脱を据えている。それを語るのに彼が用いている語彙はデュモンの語彙に近い。そして偽の謙虚さの分析は、ベンサムの「権威に訴える論証 *ad verecundiam*」についての章を彷彿とさせる。[69] だが、両者が同じ喜劇の歯車を

(69)「我々の社会体制の欠陥を指摘し、そのための対抗措置を提案しようとすれば、ただちに高級官僚が

解体しているとしても、それぞれがそこに向ける眼差しとそこから引き出す教訓は根本的に異なっている。ベンサムはイギリスの保守党議会に対して論争を挑む。彼は既成秩序の受益者たちがあらゆる進歩的改革に反対するために用いる、さまざまに偽装された権威に訴える論証が、どのような災禍をもたらすのかを示す。そして既成秩序を実体とする寓意や、必要に応じて物事に心地よいヴェールや陰気なヴェールをかける単語の数々、あらゆる改革の提案を無政府主義の脅威と同一視するのに用いられる詭弁の数々を告発する。ベンサムにとっては、これらの詭弁は利益の駆け引きによって説明され、その成功は議会連中の知性の脆弱さおよび権威が彼らを引きとどめている隷従状態によって説明される。すなわち私利私欲を捨て、理性的な思考の自由を教え込まれた者たちは、効果的に詭弁に立ち向かうことができるということだ。ベンサムほど血気盛んではないデュモンは、道徳制度の発展と物理学の発展とが一致することへの穏当な期待を力説する。「道徳においても物理学においても、哲学のおかげで消滅した誤りがあるのではないだろうか。(…) 誤った論証を、それがもはやあえて姿を現そうとしなくなるほど非難することは可能である。その証拠として、あれほど長いことイギリスにおいてさえ名高かった、国王の神権と臣民の受動的服従についての説を挙げれば、ここでは充分だろう」(70)。

　したがって、政治の舞台そのものの上で、無私の理性の原則を私利私欲の詭弁に対置することができる。それが前提としているのは、名指しの正確さでもって類比《アナロジー》、隠喩《メタファー》、寓意《アレゴリー》に立ち向かうような理性の涵養である。こうした類比、隠喩、寓意は政治の領域にはびこり、言葉から存在物を作り出し、これらの言葉を使ってばかげた理屈をでっち上げ、そうすることで真理の上に偏見のヴェールを投げかけてしまった。こうして、「「政体〔政治的身体 corps politique〕」という比喩的な表現は、数々の奇妙で誤った観念を生み出した。隠喩にのみ基づいた類比が論証と称されるものの根拠として用いられ、詩が理性の領域にはびこってしまった」[71]。宗教や詩の言語であるこの比喩的な言語――このような言語の比喩作用のおかげで、道理から外れた私欲はありとあらゆる変装を纏うことができるのである――には、語が正確に観念と重なり合うような真の言語を対置することが可能なのである。

ジャコトはそのような楽観に異議を唱える。理性の言語などというものは存在しない。ただ話そ

立ち上がって、提案については議論することなく、重々しい調子でこう叫ぶ。「質問を検討するための準備ができていません。自分の無力を認めます」云々。しかし、こうした発言の隠された意味は次のようなものだ。「私のように、地位も高く、その品位に見合った天分を授かった者が、自身の無力を認めるのであるから、完全にできあがった意見を持っているなどと言い張る者たちにはうぬぼれと狂気があるのではなかろうか」。これは間接的な脅しの手法である。つまり、謙虚さの薄いヴェールに隠された傲慢なのだ」。*Traité des sophismes parlementaires*, trad. Regnault, Paris, 1840, p. 84.〔『議会詭弁論』〕

(70) Dumont, préface à Bentham, *Tactique des assemblées parlementaires*, Genève, 1816, p. XV.〔ベンサム『英国議会の駆引き』のデュモンによる序文〕

(71) *Tactique des assemblées parlementaires*, p. 6.

うという意図に対する理性の監視があるのだ。詩的言語として自己を認識している詩的言語は、理性と矛盾しない。それどころか、この言語は語る主体一人一人に、自分の精神の冒険の物語を真理の声と取り違えないよう注意を促す。すべての語る主体は己自身の詩人であり事物の詩人である。この詩が詩とは別のものだと見せかけるとき、自らを真理として認めさせ、行為を強いようとするとき、堕落は生まれる。修辞とは堕落した詩法である。それはまた、人は社会のなかでは虚構から抜け出すことはない、ということでもある。隠喩は原初における理性の放棄と結びついている。政体は虚構だが、虚構というのは、それに対して社会集団の正確な定義を対置できるような比喩表現なのではない。何者も、政治的主体である限りは免れることのできない、集団〔corps〕の論理が確かにあるのだ。人間は理性を持ちうるが、公民は持ちえない。理性に適った修辞、理性に適った政治的言説といったものはないのだ。

よく言われてきたことだが、修辞の原理は戦争である。そこでは理解を求めるのではなく、ただ敵対する意志を消滅させようとするばかりだ。修辞は語る存在の詩的条件に反逆する話法である。修辞は口を閉ざさせるために話す。「お前はこれ以上話すな、これ以上考えるな、これこれをせよ」というのが修辞のプログラムである。修辞の効力は、それ自体の停止に向けて組織されている。理性は常に話すことを命ずるが、修辞の理性逸脱は沈黙の瞬間を来たらせるためにしか話さない。それが行為の瞬間であるとは、言葉を行為に変える者に敬意を表して、とかく言われがちなことである。しかし、この瞬間はむしろ行為の欠如の瞬間、知性の不在の瞬間、支配された意志の瞬間、ただ重力の法則のみに従う人間の瞬間である。「雄弁家の成功とは瞬間の産物である。彼は要塞を一つ奪取するように法令を一つ削除する。（…）総合文《ピリオド》の長さ、文学的な秩序、優美さ、あらゆる文体上の美点などはそのような言説の取り柄とはならない。この眠りこけた民衆を目覚めさせ、自分自身の重みでいつも倒れ込む傾向にあるこの大衆《マス》をかき立てたのは、一つの文、一つの単語、ときには一つのアクセント、一つの身振りなのだ。マンリウスがカピトルを示すことのできた間は、この身振りが彼を救っていた。フォキオンが一言言うための好機を捉えるだけで、デモステネスは言い負かされた。ミラボーはそれを理解していて、文や単語で動作を指揮し休止を命じた。三つの点で反駁されれば、聴衆の気分を少しずつ変化させるために抗弁し、長々と議論さえした。それから突然議会の慣習から飛び出して、たった一言でこの議論を打ち切る。雄弁家の演説がどんなに長かろうと、勝利を与えるのはその長さではなく、その展開ではない。総合文に総合文で対抗し、展開に展開で対抗するのは、最も凡庸な敵対者というものだ。雄弁家とは勝利する者である。それは秤を傾ける一言、そして一文を口にした者なのである」[72]。

この優位が、自分で自分を重力における優位だと考えていることが見てとれる。秤を傾ける優れた人間とは、常に、いつどのように秤が傾くかを最も的確に見抜く者だ。他人を最も巧みに服従させる者とは、己自身を最もうまく服従させる者だ。己自身の理性逸脱に従うことで、大衆《マス》の理性逸

（72）『母語』p. 328-329.

脱が勝利をおさめるようにするのである。民衆の支配者になろうと欲する者は民衆の奴隷にならざるをえない、ソクラテスはカリクレスやアルキビアデスにすでにそう説いていた。アルキビアデスが作業場にいる靴屋を見かけてその間抜けな顔つきをばかにし、こういう輩の愚かさに長々と悪態を浴びせてもかまわない。哲学者はただこう応えるだけである。「だったら、なぜ君はこういう人たちの前で話さなくてはならないとき、もっと気楽にしていないのですか(73)」、と。

より優れた劣った者たち

それは昔のことだ、と納税有権者議会の厳粛な言葉に慣れた優れた精神の持ち主たちは言うだろう。最下層民から選出され、デモステネスからアイスキネスへ、アイスキネスからデモステネスへと風見鶏のようにくるくる回る民衆扇動議会に当てはまっていたことだ、と。そうは言っても物事をもっと近くで見てみよう。時にはアイスキネスの方へ、時にはデモステネスの方へとアテナイ市民を転々とさせるこの愚かさには、非常に明確な内容がある。彼らが代わる代わる一方の言いなりになったりもう一方の言いなりになったりするのは、彼らが無知だからでも無節操だからでもない。そのときにどちらか一方が、アテナイの市民特有の愚かさ、すなわち愚かなテーベ市民に対する明白な優越感を、よりうまく体現することができたというだけなのだ。要するに、大衆《マス》を転々とさせる動機は優れた精神の持ち主を突き動かすものと同じであり、社会を時代の移り変わりにそって進展させていくものと同じなのだ。それは知性の不平等という意識である——この意識が優れた精神の持ち主たちを区別するとしても、万人同様知性の不平等を信じているという点では、彼らは他の者たちと見分けがつかなくなってしまう。今日でもなお、労働者の知性を侮蔑することを思想家に許しているのは、労働者の農夫に対する、農夫の自分の妻に対する、妻の隣人の妻に対する、という具合に無限に続く侮蔑でなくて何であろう。社会における理性逸脱がその簡潔な表現を見いだすのは、より優れた劣った者の逆説《パラドクス》と呼ぶことのできるもののなかにである。そこでは各々が自分より劣っていると想像する者に服従し、自分は大衆とは異なっているのだというまさにそのうぬぼれによって大衆の法に服従しているのである。

　だからこれら民衆扇動議会に、厳粛で威厳のある名士会の理屈っぽい公平無私を対置するのはやめておこう。人間がそれぞれの優越に基づいて互いに寄り集まるところではどこでも、彼らは物理的な集合体《マス》〔質量〕の法に身を委ねるのだ。したがって、寡頭政治の議会、「紳士」たちや「有能者」たちの結集は、民主主義議会よりもいっそう確実に、物質のばかげた法則に従うだろう。「元老院には自分では変えられない一定の歩調があるので、それがたどる道をその進行方向に押してやる雄弁家が常に他のすべての者に勝るのである」[74]。平民のあらゆる要求にことごとく対立するアッピウ

（73）『知的解放』誌 t. IV, 1836-1837, p. 357.
（74）『母語』p. 339.

ス・クラウディウスはすぐれて元老院的な雄弁家であった。というのも、ローマの名士の長たちを「彼らの」方向に駆り立てている動きが変えられないものであることを、彼はだれよりもよく理解していたからである。彼の修辞のからくり、優れた人間が用いるからくりは、よく知られているように、たった一日で機能を停止した。アウェンティヌスの丘に平民たちが結集した日である。この日、窮地を脱するには、一人の気のふれた者、つまりは理性を備えた男が必要であった。アッピウス・クラウディウスのような者にとっては不可能で理解できない突飛なことをやってのける男がである。この男は平民の口が発しているのは騒音ではなく言葉であると考え、彼らの言い分に耳を傾けに行ったのである。そしてまた、平民は優れた精神の持ち主たちの言うことを理解する知性を持ち合わせているのだと考え、彼らに話しかけたのである。要するに、彼らを平等に理性を備えた存在であるとみなしたのだ。

アウェンティヌスの丘の寓話は不平等という虚構の逆説を思い起こさせる。社会的な不平等は、知性の本源的な平等に基づいてしか考えられもしないし、可能ともならない、という逆説である。不平等はそれ自体では考えられないのだ。ソクラテスでさえ、主人と奴隷という円環から抜け出すために比例という真の平等を学び、幾何学に基づいて正義を考える者たちの環の中に入るようにカリクレスに勧めるという、無益なことをしている。閉鎖的特権階級《カースト》のあるところではどこでも、「優れた者」は己の理性を劣った者の法に引き渡す。哲学者たちの議会は、それ自体の理性逸脱、すなわちすべての人の理性逸脱を軸にして転がる不活性な集団である。不平等社会は自らを理解しようとし、自らに自然な根拠を与えようとするが、うまくいくわけがない。まさに支配にいかなる自然な理由もないからこそ、協定が統治し、それも絶対的に統治するのだ。優越によって支配を説明する者は、優れた者は支配するのをやめるとき優れた者であることをやめるという、古いアポリアに陥る。アカデミー会員で貴族院議員のレヴィ公爵は、ジャコトの学説が社会に及ぼす影響を心配する。もし知性の平等を主張するなら、妻は夫に、統治される者は統治する者に、どうしてなおも服従しようとするだろう。もし公爵がすべての優れた精神の持ち主のように不注意でなかったなら、社会秩序を破壊するのは彼の学説、知性の不平等の学説の方であると気づきもしただろう。権威が知的な優越に依拠しているのであれば、自身も知性の不平等を確信している被統治者が、知事はばか者ではないかと思うようになるとき、何が起こるだろう。彼らが本当により優れているのか確かめるために、大臣や知事、市長や局長をテストする必要が出てくるのではないだろうか。それに、こうした者のなかに誰かばか者が混ざり込んで、その欠点に気づいた公民の不服従を引き起こさないと、どうして確信していられよう。

　知性の平等を支持する者だけが次のことを理解できる。イスラム教国の裁判官《カーディ》が奴隷たちを従わせ、白人が黒人を従わせているのは、知性においてより優れても劣ってもいないからなのだ。状況や協定が人間を分け隔て階層化し、支配を作り出し服従を強いるのは、状況や協定だけがそれを為しうるからだ。「我々は皆、まさしく自然によって平等であるからこそ、状況によって不平等になる運命にある(75)」。だが平等が不平等の唯一の根拠であることに変わりはない。「社会は差別によってしか存在せず、自然は平等しか差し出さない。平等が事実として長い間存続するのは不可能である。だが、たとえ損なわれている時でも、平等は依然として協定による差別の唯一道理にかなった説明であり続ける[76]」。

知性の平等は不平等のためにさらにそれ以上のことをする。既成秩序を転覆するとしても、それはこの秩序自体とまったく同様に理性から逸脱しているだろうということを立証するのである。「もし、人間社会の構成についてどうお考えですか、と尋ねられれば、このありさまは自然に反しているように思われます、と私は答えるだろう。そこでは、異なるところのない者たちに異なる地位があてがわれているがゆえに、何ものも自分にふさわしい地位にはない。人間の理性に秩序を変えるよう勧めるなら、理性は己の力不足を認めざるをえない。秩序に秩序、地位に地位、相違に相違をもって代えることに、理性に適った理由などまったくないのだ[77]」。

哲人王と主権を持つ国民

したがって、平等だけが不平等を説明することができるのだから、不平等主義者は不平等をいつまでたっても思考することができないことになる。理性を備えた者は公民の理性逸脱の根拠を知っている。だが同時に、その根拠が克服し難いものであることもまた知っている。彼だけが不平等の円環を知っている。だが彼自身、公民としてはその円環に閉じ込められている。「理性は一つしかない。ところで、社会秩序を組織したのは理性ではない。故に、そこに幸福はありえない」[78]。哲学者たちが、既成の秩序を理に適ったものにしようと努める「公務にある人たち」を告発するのは、おそらく根拠があってのことだろう。この秩序には根拠がないのだから。しかし、哲学者たちが最終的には理に適ったものとなるような社会秩序の観念を追い求めるなら、それは幻想だ。そのような野望には、対称的に両極をなす二つの姿があることが知られている。哲人王というプラトン的な古い夢と、国民主権という近代の夢である。なるほど他のすべての人間同様、王も哲人たりうるだろう。だが、まさに人間として哲人であるのだ。元首としては、王は自分の大臣たちの根拠であり、大臣たちは自分の局長たちの、局長たちはすべての人の根拠である。王はたしかに上司に従属はしないが、ただ目下の者たちに従属する。哲人たる王にせよ王たる哲人にせよ、自分の治める社会の一部をなしている。社会は王にも、他の者たち同様にその法を、そこにあるさまざまな優越を、そして説明業者たちを押しつけるのである。

それはまた、哲学的な夢のもう一つの姿、国民主権が、哲人王以上に確固たるものではないこと

(75) 『母語』p. 109.
(76) 『音楽』p. 194-195.
(77) 『音楽』p. 195.
(78) 『母語』p. 365.

の理由でもある。というのも、実現すべき理想とか課すべき原則として描かれるこの主権は、実は常に存在していたからだ。そしてそれを理解していなかったために玉座を失った王たちの名で、歴史はあふれかえっている。彼らのうち誰ひとりとして、大衆《マス》が貸し与えてくれる重みによるのでなければ君臨しないのだ。そう言うと哲学者たちは憤慨する。国民は主権を譲渡することはできない、と彼らは言う。譲渡できはしないのかもしれないが、世界の始まり以来常に譲渡してきたのだ、と答えよう。「いくら望んだところで、王は国民を作りはしない。だが、国民は元首を作ることができるし、常に元首を欲しがってきた(79)」。元首が自分の国民に自分を譲り渡するのとまったく同様に、国民は元首に自分を譲り渡して隷属する。この相互的な隷属は政治的虚構の原則そのものなのだ。というのも、政治的虚構の起源は、理性が不平等の情念に譲り渡され、放棄されることだからである。哲学者たちの論過は、人間からなる国民を思い描くことにある。だがそれは矛盾した表現、ありえない存在なのだ。公民からなる国民、つまり自らの理性を不平等の虚構に委ねてしまった人間からなる国民しか存在しないのである。

この譲渡による疎外を別の疎外と混同しないようにしよう。なにも公民とは現実の人間からの略奪品で身を飾った理想的人間であり、平等主義的政治の天国の住人であって、具体的な人間の間にある不平等という現実を覆い隠しているのだ、と言っているのではない。逆に、平等は人間の間にしか、すなわちただ理性を備えた存在として互いを見る個人の間にしかない、と言っているのである。反対に、政治的虚構の住人である公民は、不平等の国へと堕落した人間なのだ。

したがって、理性を備えた人間は、政治学というものはないこと、真理の政治というものはないことを知っている。真理は公の場におけるどんな衝突も解決しはしない。真理は意識の孤独のなかでしか人間に語りかけはしないのだ。二つの意識の間に衝突が起こると、たちまち真理は退いてしまう。真理に出会うことを願うなら、真理は何も引き連れることなく単独でやっていくということは、とにかく知っておかなければならない。政治的言論《オピニオン》は逆に、この上なく威圧的なお供をきまって引き連れている。曰く、「友愛か、さもなくば死を」。或いは、成り行き次第で「正統か、さもなくば死を」「寡頭制か、さもなくば死を」などという具合である。「一つ目の言葉はさまざまだが、二つ目の方はあらゆる言論の旗印のうえに表明されているか、さもなければほのめかされている。右を向けば「Aの主権か、さもなくば死を」とあり、左を向けば「Bの主権か、さもなくば死を」とある。「死を」がないことはない。私は「死刑の廃止か、さもなくば死を」と言う博愛家たちさえ知っている」(80)。真理の方は制裁を伴いなどしない。真理は死を自分の補佐につけたりしないのだ。だからパスカルに倣ってこう言おう。人は力に正義を与えるための手段なら、いつでもすでに見つけていた。だが正義に力を与えるための手段を見つける見込みはまずない、と。そういうもくろみそのものに意味がないのだ。力は力である。それを行使するのは理に適いうる。しかし力を理に適

(79) «Le Contrat social»〔「社会契約」〕『パネカスティック哲学』誌 t. V, p. 62.
(80) 『パネカスティック哲学』誌 t. V, p. 211.

ったものにしようとすることは理に適っていないのだ。

いかに理性をもって理性から逸脱するか

したがって、理性を備えた人間がすべきなのは、公民としての狂気に服従しながらも、そこで理性を保つように努めることである。哲学者たちはその手段を見つけたと思っている。受動的な服従ではだめだ、権利なくして義務はない、と彼らは言う。だがそれは不注意から出た発言というものだ。義務という観念のなかに、権利の観念を含意するようなものは何もないし、これからも決してありはしないのだ。自己を譲り渡し隷属する者は、全面的にそうするのである。そこに見返りを想定するのは、虚栄からくるみじめな奸策というものだ。それは譲り渡しによる隷属を理に適ったものとし、自己を譲り渡しても自分の分け前を取っておけると思い込んでいる者をより巧みに丸め込むことにしかならない。理性を備えた人間はこうしたごまかしにだまされはしない。社会秩序は、無秩序より秩序の方が優れているということ以上にましなものを差し出してはくれないと、彼は分かっている。「いかなる秩序も、混乱に陥りさえしなければ、それが世界の始まり以来社会組織というものなのだ[81]」。合法的な暴力の独占もまた、暴力を限定し、理性が自由に行使される避難所を取っておくために見つけられた最善の策である。だから理性を備えた者は自らを法の上にあるとはみなさない。そのように自分が優位にあるとみなすなら、人類を構成し、それを理性から逸脱させ続けているより劣った優れた者たちと、運命を共にするはめになるだろう。理性を備えた者は、社会秩序を理性の力より上位に据えられた神秘、彼の理性に部分的な犠牲を命ずるより高次な理性の所産とみなす。彼は公民として統治者たちの理性逸脱が命ずることに従う。ただし、その理性逸脱が命令につける理屈《レゾン》は受け入れないようにするのである。だからといって彼は自分の理性を放棄するわけではない。理性をその第一原理に立ち帰らせるのである。理性的な意志とは、すでにみたように、まずもって自己に打ち勝つ術《アート》である。理性は自らの犠牲をうまく制御することで、自らに忠実であり続ける。理性を備えた者は高潔である。彼は自己に打ち勝つ能力である理性的性格の源を維持するために、自分の理性を部分的に放棄し、理性逸脱の命令に従うのだ。こうして理性は、理性逸脱のただなかにあっても、常に難攻不落の砦を保つのである。

社会における理性逸脱は、戦場と演壇という二つの姿を纏う戦争である。戦場は社会の真の肖像であり、社会の根拠となっている臆見を正確かつ全面的に展開した結果である。「二人の人間が出会うと、あたかも互いが知的に平等であると信じているかのように礼を尽くし合う。だがもし一方がもう一方の国の中心部まで入り込むと、もはやそんな遠慮はしない。自分の力を理に適った当然のこととして乱用するのだ。闖入者のうちにあるすべてが、その野蛮な素性を物語っている。遠慮なくその闖入者をばか者扱いする。彼の発音は抱腹絶倒ものだし、身振りの不器用さといい、彼の

（81）『外国語』p. 123.

何もかもが、彼が素性の知れない種族に属していることを告げている。あちらは鈍重な民族だが、こちらは浅はかで軽薄、あちらは粗野だがこちらは横柄で高慢。一般に、民族というものは他の民族より自分たちの方がより優れていると本気で思うものだ。そしてわずかでもそこに情念が混ざると、戦争勃発となる。互いにできるだけ大勢を殺し合う、まるで虫けらを潰すように。殺せば殺すほど、栄光に輝く。一人につきいくらで支払われる。相場に応じて、村落を一つ焼き払えば勲章を要求するし、大都市なら大綬章だ。そしてこの血の取引は祖国愛と呼ばれる。（…）獰猛な野獣のように隣国の民に飛びかかるのは、祖国の名においてなのだ。それでいて、もしあなた方の祖国とは何かと問われたなら、あなたがたは合意にいたるまで互いに殺し合うだろう」(82)。

　そうは言っても区別しなければならない、哲学者と常識が声を合わせて言う。不正な戦争、支配熱が引き起こす征服戦争がある一方で、正しい戦争、攻撃された祖国の地を守るための戦争もある。元砲兵だったジョゼフ・ジャコトなら知っているはずだ、一七九二年には危機に陥った祖国を防衛し、一八一五年には侵略者たちが連れ戻した王の復位に、議員として全力を尽くして反対したのだから。だがまさにその経験のおかげで、彼は事の教訓というものははじめにそう見えたのとは全く別物であることに気づいたのだ。攻撃された祖国を防衛する者は、人間としてするであろうことを公民としてしている。だから自分の理性を〔祖国愛という〕徳のために犠牲にする必要はない。というのも、理性は理性を備えた動物に、生き延びるためにできることをするように命ずるからだ。この場合、理性は戦争と、エゴイズムは徳と和解する。だからそこには特に称賛に値するものはない。

それに反して、征服を行う祖国の命に服従する者は、理性を備えているとしても、その理性を社会の神秘のために、称賛に値するような犠牲として差し出しているのである。内面の砦を守るためには、そしてまた、いったん義務が果たされれば本来の有り様に戻り、公民として服従すべく自らに課した自制を思想の自由という徳に再び転じるためには、ずっと多くの徳が必要なのである。

だがそうするためであるならば、軍隊による戦争は、まだ理性にとってごく些細な試練というものである。そこで理性は自身の一時停止を掌握するだけでよい。すべての者に曖昧なところなく自分を理解させるだけの権力を常に持つ権威の声に従うには、自分を抑えればこと足りる。もっとずっと危ういのは、相矛盾する情念のただなかでこれから権威を確立しなければならない場における行動である。たとえば法について協議する議会、あるいはその適用を判断する法廷といった場である。こうした場が理性に差し出しているのは、それを前にしては屈服するしかない、〔社会という神秘と〕同じ神秘である。情念の喧噪と理性から外れた詭弁のなかで、秤は傾き、法は自らの声を聞かせる。そうすれば、将軍の声に従わなければならないのと同様、その声に従わなければならなくなるだろう。だがこの神秘は、理性を備えた者に参加するよう求める。この神秘が理性を招き入れるのは、もはやただ犠牲の領域にではなく、それが理性固有のものであるといって差し出してくる領域、すなわち推論の領域にである。とはいえ、それが闘争でしかないことを、理性を備えた者は

（82）『母語』p. 289-290.

知っている。そこでは戦争の規則だけが力を持つのだ。成功は戦う者の巧妙さと力にかかっているのであり、彼の理性にではない。だからこそ、そこでは情念が修辞という武器によって君臨しているのだ。修辞は理性とは何の関係もないことは分かっている。だがその反対もまた本当だろうか。理性は修辞とは何の関係もないのだろうか。一般に、理性は語る存在による自分自身の制御であり、この制御によって、語る存在はどんな分野においても芸術家の仕事を為せるようになるのではないだろうか。もし理性が他のあらゆる場においてと同じように議会においても話す能力を与えるのでなかったら、理性は理性ではなくなってしまうだろう。理性はあらゆる言語を習得する能力である。ということは、理性は議会および法廷の言語も習得する。すなわち理性から逸脱する〔déraisonner〕ことを習得するのである。

それだから、まずはアリストテレスに賛同しプラトンに反対して決断を下さなければならない。理性を備えた者にとって、法廷で打ち負かされるままになっているのは恥ずべきことであり、ソクラテスがメレトスとアニュトスに勝利と命を委ねたのは恥ずべきことである、と。アニュトスとメレトスの言語を、つまり雄弁家の言語を習得しなければならない。そしてこの言語は他の言語と同じように、いやむしろ他のどんな言語よりも容易に習得できる。というのも、その語彙や統辞は狭い枠の中に閉じ込められているからだ。「すべてはすべての中にある」というスローガンは、他のどんな学習にもましてこの場合によく当てはまる。つまり、何事か――たとえばミラボーの演説――を学び、そこに他のあらゆる物事を関連づけなければならない。「旧式」の生徒にはあれほどの労力を必要としたこの修辞は、我々にとっては戯れだ。「我々はすべてを前もって知っている。すべては書物の中にある。名前を変えさえすればよいのだ」(83)。

だが、総合文が示す大仰さや文体上の装飾は雄弁術の本質ではないこともまた、我々は知っている。そうしたもののはたらきは人を説得することではなく、注意をそらせることだ。法令を可決する〔emporter〕のは――要塞を奪取する〔emporter〕のと同じように――襲撃であり、決定的な語、そして身振りなのだ。議論を打ち切るために最初に「票決を！」と図々しく叫んだ者のせいで、議会の行方はしばしば一転する。それなら我々も、ちょうどいいタイミングで「票決を！」と叫ぶ術を学ぼうではないか。それが我々や理性にはふさわしくないとは言うまい。理性は我々を必要としてはいない。我々の方が理性を必要としているのだ。我々の自尊心などと称されているものは怠惰と臆病でしかなく、同輩の前で即興したがらないうぬぼれの強い子供のそれと変わらない。もう少ししたら、ことによると我々も「票決を！」と叫ぶかもしれない。だが、我々は勝利する演説者――この者は我々が怠惰からしなかったことを敢えてしたことになる――に賛同する臆病者たちの群とともに叫ぶのだ。

では普遍的教育を、ベンサムが告発した詭弁を繰り返す政治的シニシズムの一派にしてしまえということなのか。理性をもって理性から外れた言動をとる者のこの教えを理解しようとする者は、

(83)『母語』p. 359.

それをむしろ無知な教師の教えに近づけて考えなければならない。どんな場合にも理性の力を確認すること、そして理性をもってすれば常に何を為しうるのか、極端な理性逸脱のただなかにあってさえ理性がはたらき続けるために理性に何ができるのかを見てとることが重要なのである。理性をもって理性から外れた言動をとる者は、社会的狂気の円環の中に閉じ込められていながら、個人の理性はその力を行使するのを決してやめないということを示す。情念が――不注意な意志の行使が――渦巻く閉じられた場で、注意深い意志は情念の為しうること、そしてそれ以上のことを、いつでも為しうるのだと示さなければならない。情念の支配者は、その奴隷が行うことをより巧みに行うことができる。「最も魅惑的で最も本当らしい詭弁とは常に、詭弁とは何かを最もよく知っている者が弄する詭弁である。直線を知っている者は、必要なとき必要なだけそこから逸れ、決して度を過ぎることはない。情念は、たとえそれがどんな優越を我々に与えてくれようと、情念である以上、自分自身の目を眩ませる可能性がある。理性はすべてをあるがままに見る。そしてそれを、適当だと判断した分だけ、それより多くも少なくもなく、見せたり隠したりするのだ[84]」。これは術策にまつわる教えではなく堅忍不抜にまつわる教えである。理性逸脱のなかにあって己に忠実であり続けられる者は、自分の情念に及ぼすのと同じ支配力を他人の情念にも及ぼす。「すべては情念によって為されている、それは私も知っている。だがすべては、ばかげたことさえも、理性によってならさらにうまく為されるだろう。これが普遍的教育の唯一の原則である[85]」。

我々はソクラテスからそれほどかけ離れているだろうか、という疑問もあろう。ソクラテスだって『パイドロス』や『国家』のなかでこう教えているではないか。哲学者はちょうど必要十分な分だけ、良い嘘をつく、なぜなら彼だけが嘘とは何であるかを知っているのだから、と。だがまさにそこにこそ違いのすべてがある。我々の方では、だれもが嘘とは何であるかを知っていると想定しているのだ。我々が理性を備えた人間を定義したのは、そのこと、己に嘘をつく能力がないということによってでさえある。したがって、我々は賢人の特権などではなく、理性を備えたすべての人間の能力について語っているのである。この能力はある臆見、知性の平等という臆見に要約される。ソクラテスに欠けていたのはこの臆見であり、アリストテレスもそれを改めることはできなかった。いつでも欺くことができるというちょっとした差をつけることを哲学者に許しているのと同じ優越が、彼に「奴隷の仲間たち[86]」に話しかけるのを思いとどまらせているのである。ソクラテスは民衆に好かれるために、「粗野な動物」を魅了するために演説するのを嫌がった。彼は密告者メレトスやアニュトスのやり方《アート》を吟味するのを嫌がった。そんなことをすれば、自らのうちで哲学の値打ちを下げてしまうことになる、と彼は考えた。そしてほとんど皆がそのことを称えている。だが彼の臆見の本質は、アニュトスとメレトスは愚かな密告者だ、というものだ。だから彼らの演説に技巧《アート》

（84）『母語』p. 356.
（85）同書 p. 342.
（86）『パイドロス』273e.

などない、あるのは小細工ばかりだ。そこから学ぶべきことは何もない。ところが、アニュトスとメレトスの演説は、ソクラテスの演説同様、人間の知性の発現である。それが同じくらい優れているとは言うまい。ただ、同じ知性に属するものだと言っているのである。「無知な者」ソクラテスは、自らを法廷の演説者より優れているものと考え、彼らのやり方を学ぶのを怠り、世間の理性逸脱を承諾したのだ。彼はなぜそのように振る舞ったのだろう。ライオスやオイディプス、その他すべての悲劇の主人公たちが破滅したのと同じ理由からだ。つまりデルフォイの神託を信じたのである。ソクラテスは、神が彼を選び、彼に個人的なお告げを授けたのだと考えた。彼は優れた者たちが抱く狂気を共有したのである。天才の存在を信じるという狂気を。神に霊感を与えられた者は、アニュトスの演説を学んだり、復唱したりはしないし、そうする必要があっても、そのやり方を我が物としようと努めたりはしない。こうしてアニュトスのような者たちが、社会秩序のなかで支配者となるのである。

だがいずれにせよそういう者たちが支配者になるのではないか、という意見もあろう。何も社会の秩序を変えられないと分かっているのに、集会で勝利をおさめることが何の役に立つというのだろう。理性を備えた個人――あるいはあなた方のお好みの呼び方で言えば解放された個人――が命拾いし、自分の理性を保ったからといって、社会を変えるために何もできず、気違いよりもうまく理性から逸脱できるというみじめな優位に甘んじる羽目になるのなら、一体何になるのだ、と。

アウェンティヌスの丘で発せられた言葉

まず、最悪の事態は常に避けられないわけではない、と答えよう。どんな社会秩序においても、理性に従うことはすべての個人に可能だからだ。社会が理性に適ったものとなることは決してないが、理性的瞬間という奇跡なら社会にも起こりうる。それは知性が一致する瞬間ではなく――それでは愚鈍化になってしまうだろう――、理性的な意志がお互いを承認する瞬間である。元老院が理性から外れたことを言っていたとき、我々はアッピウス・クラウディウスに口をそろえて賛同した。あれはさっさと切り上げて、早くアウェンティヌスの丘の場面に進むためだった。話をしているのは今度はメネニウス・アグリッパだ。彼が平民に語っていることの詳細はどうでもよい。肝要なのは、彼が平民たちに語りかけ、平民たちがそれを聞いているということ、また平民たちが彼に語りかけ、彼はそれに耳を傾けているということである。彼が話しているのは手足や胃袋についてであり、そのことは平民たちの自尊心をそれほどくすぐるものではないかもしれない。だが彼が平民たちに示しているのは、語る存在同士が平等だということであり、自分たちにも平等に知性のしるしが表れていることを認める限り、平民たちには理解する能力があるということだ。アグリッパは平民たちにお前たちは手足だと言う。そう言うことは、他人の演説を研究したり復唱したり、分解したり再構成したりして身につける技術《アート》の分野に属する。時代錯誤を承知で言うならば、普遍的教育の分野に属する。だが彼は平民たちを人間として扱って話し、そうすることで同時に彼らを人間にする。そしてこれは知的解放の分野に属することである。社会がそれ自体の狂気によって破滅しようとしているまさにその時に、理性がその本来の力、知性を持つ人間たちの承認された平等という力のすべてを発揮して、自ら救済的な社会行為となるのである。

内乱が決着を見るこの瞬間、理性が力を取り戻し勝ち誇るこの瞬間のためなら、アッピウス・クラウディウスから彼よりも巧みに理性から逸脱する術《アート》を学びまでして、あんなにも長い間、また一見したところあんなにも無益に、自らの理性を保ってきた甲斐があったというものだ。社会の理性逸脱のなかで理性が自らに忠実であり続け、そこで効果を発揮することのできるような、理性のあり方というものがある。そのためにこそ励まなければならない。自分の都合次第でアッピウス・クラウディウスがふるうような毒舌あるいはメネニウス・アグリッパが使うような寓話を、同じだけの注意を払って組み立てることのできる者は、普遍的教育の門弟である。メネニウス・アグリッパとともに、あらゆる人間は他のあらゆる人間が彼に言わんとすることを理解するために生まれてきたのだと認める者は、知的解放を知っている。

こんな幸運な出会いなど滅多にない、と忍耐のない者や自己満足した者は言う。それにアウェンティヌスの逸話は昔の話ではないか、と。だがまさにそれと同時に、他の声、まったく異なる声が聞こえ、アウェンティヌスは我々の歴史の始まり、かつての平民、そして今日のプロレタリアが、人間にできるすべてのことをする能力のある人間となる、自己認識の歴史の始まりであると主張する。パリで、もう一人の奇人夢想家、ピエール＝シモン・バランシュは、彼なりのやり方でアウェンティヌスの同じ話を語り、そこに同じ法が宣告されているのを読み取った。それは、語る存在同士が平等であるという法、自らに知性のしるしが刻まれていると認め、それによって天に名を刻み込むことができるようになる者たちが獲得する力があるという法である。そして彼はこの奇妙な予言をした。「いままでに我々に明らかとなったローマの歴史は、我々の運命の一部を定め、ある形で我々の社会生活、風習、世論、法などの構成に入り込んだ後、今度は別の形で我々の新しい思想、未来の社会生活を構成するに違いない新しい思想を定めにやって来る」[87]。パリやリヨンの職人たちの作業場には、この話を聞き、今度は自分たちで、自分たちなりのやり方でそれを語る、夢見がちな者たちもいくらか現われた。

新しい時代についてのこの予言はおそらく夢想だろう。だが、不平等主義の狂気の奥底にあってさえ、人はいつでも知性の平等を確認し、この確認が効果を発揮するようにできるということは夢想ではない。アウェンティヌスの勝利はたしかに現実なのだ。そしておそらくその勝利は、普通考えられているところにあるのではない。平民が勝ち取った護民官たちは、他の者たちと同じように

(87)　« Essais de palingénésie sociale. Formule générale de l'histoire de tous les peuples appliquée à l'histoire du peuple romain », *Revue de Paris*, avril 1829, p. 155.〔「社会転生論――ローマ民族の歴史に応用された万民族の歴史の公式」〕

理性から逸脱するだろう。しかし、どんな平民でも自らを人間だと感じ、己の息子が、そして他のすべての者が知性の特権を行使することができるのだと信じること、それはとるに足りないことではない。解放された者たちの党派だとか、解放された議会や社会というものはありえない。だがすべての人間は常に、あらゆる瞬間に、自らを解放し、それによって他の者を解放することができ、他の者たちにこの恩恵を告げて、あるがままの自分を認識し、もはやより優れた劣った者たちの茶番を演じることのない者たちの数を増やすことができるのである。社会、民族、国家は常に理性を逸脱したものであり続けるだろう。だがそのなかで、個人としては理性を用い、公民としては可能な限り理性を保ちながら理性から逸脱する術を見つけることのできる者たちの数を増やしていくことはできるのである。

　だからこう言うことができるし、また言わねばならない。「もし私の言うことを各家族が行えば、国民はまもなく解放されることだろう。それは民衆の知性で理解できる範囲内の説明によって博識家たちが与える解放ではなく、博識家たちに対抗してさえ、自ら学ぶ時に自分で獲得する解放である[88]」。

（88） *Manuel de l'émancipation intellectuelle*, Paris, 1841, p. 15.〔『知的解放の手引き』〕

第五章　解放者とその猿真似

したがって、ジョゼフ・ジャコトの弟子たちの務めは単純明快である。あらゆる人にあらゆる場所であらゆる機会に、人は自分が知らないことを教えられるのだという報せを、或いはまた恩恵を告げなければいけない。貧しく無知な一家の父親は、だから自分の子供たちの教育に取りかかることができる。弟子たちはこの教育の次のような原則を伝えなければならない。「何事かを学び、そこに他のあらゆる物事を、すべての人間は平等な知性を持っているという原則に基づいて関連させなければならない」という原則である。

このことを告げ知らせ、それを確かめることに身を捧げなければならない。つまり、貧しい者に話しかけ、彼が何者であり、そして何を知っているのか話させなければならない。どうやって自分の息子を教育するのか彼に示し、子供が暗記している祈りの文句を紙に書いてやり、『テレマック』

の第一巻を与え、暗記させなければならない。普遍的教育の教師から教師が知らないことを学ぼうとする者たちの要求に応じなければならない。そして最後に、無知な者に自分の持っている力を確信させるためにあらゆる手を尽くさなければならない。グルノーブルのある弟子は、貧しい老女に読み書きを学ぶよう説得できないでいた。彼は老女に承諾させるために金銭を支払った。五ヶ月で彼女は習得し、いまや自分の孫たちを解放している(89)。

これが行わなければならないことである。ただし、『テレマック』であれ、他のどんなことであれ、それを知ること自体は重要ではないということは承知しておこう。問題は博識な者たちを作り出すことではない。自らを知的に劣っていると思い込んでいる者たちを立ち上がらせ、彼らがはまり込んでいる泥沼から抜け出させることだ。それは無知という泥沼ではなく、自分自身に対する侮蔑という泥沼、自分自身のうちにある理性を備えた被造物に対する侮蔑という泥沼である。問題は、解放されかつ解放者である人間たちを作り出すことなのだ。

解放する教育法と社会的教育法

普遍的教育を改革党派の綱領の中に入れてはいけないし、知的解放を蜂起の旗印にしてもいけない。一個の人間のみが一個の人間を解放できる。一個人のみが理性的であることができ、それはただ彼自身の理性によるものである。教育方法は数多くあり、愚鈍化させる者たちの学校でも学ぶことはある。教師は一つのモノであり、おそらく書物より使いにくくはあるだろうが、「それを学ぶ」ことはできる。教師を観察し、真似し、分析し、再構成し、現れている彼の人格を実験にかけることができる。人が話しているのを聞くと、常に学ぶところがあるものだ。教師は他の者より知的に優れていなければ劣ってもいないが、探求者の観察に対して大量の事実を大概提示するものである。だが、解放する方法は一つしかない。そして、いかなる党派も政府も軍隊も、いかなる学校も教育機関も、決してただの一人も解放することはないだろう。

　これは少しも形而上学的な主張ではない。ルーヴェンで、オランダの国王陛下の庇護のもと、それは実験されたのである。国王が啓蒙されていたことは知られている。その息子のフレデリック王子は哲学に熱中していた。軍の責任者として、彼はオランダの軍隊がプロイセンの軍隊のように現代的で教養豊かであることを望んだ。彼はジャコトに興味を抱き、ルーヴェンの大学関係の権威たちがジャコトを失脚させたままにしていることに心を痛めて、オランダ軍のためであると同時に彼のためにも何かしてやりたいと考えた。当時、軍隊は革新的な思想や新しい教育法を試すのにうってつけの場だった。そこで王子はルーヴェンに軍事師範学校を創設して、ジャコトにその教育責任を託すことを思いつき、父王を説得した。

（89） *Manuel populaire de la méthode Jacotot*, par le Dr Reter de Brigton, Paris, 1830, p. 3.〔リター・ド・ブライトン博士『ジャコト式学習・教育法の大衆的手引書』〕

それは善意からのことではあったが、毒入りの贈り物だった。ジャコトは一教師であり、教育機関の長ではないのだ。彼の教育法は解放された者を育成することに適しているのであり、教練教官を育成することにでも、他のどんな社会的な専門職に従事する者を育成することにでもない。誤解のないよう話をはっきりさせておこう。たしかに、解放された者は鍵屋や弁護士になりうるのと同様、教練教官にもなりうる。だが、ある特定のカテゴリーの社会的な行為者を産出することを専門にすれば——それが専門集団の教官ということであればなおさら——、必ずや普遍的教育は台無しになってしまう。普遍的教育は家族に属するものであり、その普及のために啓蒙君主ができる最良のことは、恩恵が自由に流布するのをその権威によって庇護することだろう。啓蒙君主は、たしかに望むときに望む場所で普遍的教育を設立することができるが、そのように設立された機関は長くは続かない。というのも、人類は旧式の教育法に属しているからだ。おそらく、君主の栄誉のために試してみることはできるだろう。もちろん失敗するだろうが、学ぶのは失敗を通してである。ただ一つの保証だけが必要だった。権力を完全に集中させるという保証、すなわち、国王と哲学者《ジャコト》の対だけを残して、社会の舞台からすべての仲介者を一掃するという保証である。したがって、必要なのはまず第一に、旧式の教育法のすべての指導員たちを、もちろん文明国流のやり方で、つまり彼ら全員を昇進させるという方法で斥けること。第二に、哲学者《ジャコト》によって選ばれた者以外のすべての仲介者を廃止すること。第三に、すべての権限を哲学者《ジャコト》に与えること、以上である。「人は私の言うことを、私の言うことのすべてを、ただ私の言うことだけを行い、責任は全部私にかかるようにする。私は何も伺いを立てない。反対に、仲介者たちは何をどうしなければならないか私に尋ね、その上ですべてを君主に提案するのである。私は雇われた公務員ではなく、意見を仰ぐ必要のある哲学者とみなされる。そして最後の条件は、普遍的教育の設立がしばしの間、王国のすべての公務のなかで主要かつ第一のものとみなされることである[90]」。

　これはどんな文明化した君主国も甘受することのできない条件である。失敗するのが明らかなのだからなおのことだ。王はそれでも試してみることを強く望んだので、客人として恩義のあったジャコトは、ルーヴェン要塞の指揮官の権威のもとで、軍教育委員会との共存という折衷の試みを行うことを承諾した。学校はこうした基盤のもとに一八二七年三月に創設され、生徒たちは、初めは教師が彼らに教えるべきことは何もないと言うのを通訳を通して聞いて唖然とはしたが、そこで何らかの利益を見つけたに違いない。というのも、規定の教育期間が終了するとき、彼らは普遍的教育によって言語、歴史、地理、数学、物理学、化学、地形図、要塞術を学ぶために学校への滞在を延長したいと、請願書を出して要望してきたからである。だが教師《ジャコト》はこの台無しになった普遍的教育にも、文民の教育機関の権威たちや軍隊の権力層との日々繰り返される衝突にも不満だった。彼は怒りを爆発させ、早急に学校を解散した。彼が速習法によって軍の教練教官を育成したのは、王に従ってのことだった。だが、どんな社会にも決して不足することのない類いの人間である少尉た

(90)『数学』p. 97.

ちを作り上げる以上に、彼にはすべきことがあった。そもそも、彼はそのことを生徒たちに公式に予告していた。君たちは軍隊のなかに普遍的教育を設立するために闘おうとすべきではない。しかしまた、下級士官を作り上げることよりもう少し大きな精神の冒険を目にしたことも忘れてはいけない、と。

「たしかに諸君は数ヶ月のうちに少尉を養成した。だが、文民のであれ軍のであれ、ヨーロッパの諸学校があげている程度のとるに足りない成果を得ることにこだわるのは、普遍的教育を台無しにすることだ。社会が諸君の経験から有益なものを得、それに満足するのは私にとっても喜ばしいことだ。諸君は国家の役に立つ者となるだろう。けれども、諸君が手に入れた成果——諸君はただこの成果だけで判断されるようになってしまうだろうが——よりもずっと高い次元の成果を目にしたということを、決して忘れてはいけない。だから、自分と自分の子供たちのために知的解放を利用しなさい。貧しい人々を手助けしなさい。でも国のためには少尉や教養ある公民を養成するにとどめなさい。この道を歩んで行くのに、諸君はもう私を必要としないでしょう(91)」。

軍隊の弟子たち——彼を支持する者たちがいたわけだ——に宛てた始祖ジャコトのこの演説は、『普遍的教育　数学』の前扉に記載されている。この書物には、すべての科目においてそうすることが師の唖然とさせる慣わしとなっているように、数学に関してはただの一語もない。この著作のなかにルーヴェンの師範学校の歴史を読み取り理解しなかった者、普遍的教育は社会的な教育法ではなく、またそうはなりえない、という見解《オピニオン》に確信を持たなかった者は、普遍的教育の門弟ではない。普遍的教育が社会の制度的機関のなかで、またそれによって広まることは不可能である。おそらく解放された者たちは社会秩序を重んじるだろう。とにかく無秩序よりはましだと知っているからだ。だが彼らが社会秩序に認めるのはそれだけであり、どんな制度的機関もそのような最小限の承認で満足することはできない。不平等は尊重されるだけでは飽きたらず、信じられ、愛されることを望む。つまり、不平等は説明されることを望むのだ。あらゆる制度的機関は社会を実地に説明するものであり、不平等を目に見える形で示すものである。制度的機関の原則は、平等という臆見と説明の拒否とに基づく教育法の原則に常に対立するものであり、これからもそうであり続ける。普遍的教育は個人にしか向けられることはできず、社会に向けられることは決してありえない。「国民として集結した人間たちからなる社会は、ラップ人からパタゴニア人にいたるまで、その安定を維持するためになんらかの形式、なんらかの秩序を必要とする。この必要不可欠な秩序を保持する責任を担う者は、この秩序がすべての秩序のなかで最良であると説明し、また説明させなければならないし、これに反するあらゆる説明を封じなければならない。それが憲法や法律の目的である。なんらかの説明を根拠とするあらゆる社会秩序は、他のすべての説明を排除する。そしてとり

(91)『数学』p. 1-2.

わけ知的解放の教育法を、教育におけるあらゆる説明は無益なばかりか危険でさえあるという考えに基づく知的解放の教育法を斥ける。始祖ジャコトは、国家の公民たるもの、自分の属している社会秩序、およびこの秩序についての説明を尊重すべきであると認めることさえあった。だが、彼はまた一方で、法は公民に秩序に適った言動を要求するだけで、思想、見解、信条を強要できはしないことも明らかにした。一国の住人は公民である以前に人間なのであり、家族は父親を最高決定者とする聖域なのだから、知的解放がもたらされ実を結ぶのはそこにおいてであり、そこにおいてのみである」(92)。だからはっきり言っておこう。普遍的教育が成功を収めることはないだろう。つまり社会のなかで確立されはしないだろう。だが滅びることもないだろう。なぜならそれは人間精神の自然な学習・教育法であり、自分自身で自分の歩む道を求めるすべての人の学習・教育法だからである。弟子たちが普遍的教育のためにできるのは、すべての個人、すべての一家の父親そして母親に、知性の平等という原則に基づいて知らないことを教える方法を告げ知らせることである。

人間の解放と民衆の教育

それをすべての人に告げ知らせなければならない。おそらくまずは貧しい人々に。職業説明家に賃金を支払ったり長年の間学校の机に向かって過ごしたりできないのであれば、彼らには他に勉強する手段がないのだから。なにより、知性の不平等という偏見がどっしりとのしかかるのは彼らの上になのだから。屈辱的な地位から立ち上がらせなければならないのは彼らなのだ。普遍的教育は、貧しい者たちの教育法である。

だがそれは貧者のための教育法ではない。人間のための、すなわち創意工夫する者たちのための教育法である。普遍的教育を用いる者は、学識や身分のいかんにかかわりなく、その知的能力を増す。だからこの教育法を君主や大臣、権力者たちに告げ知らせなければならない。彼らは普遍的教育を制度化することはできないが、自分の子供を教育するために適用することはできる。そしてその恩恵を広く告げ知らせるために、自らの社会的特権を利用することができる。だから、オランダの啓蒙王は自分の子供たちに自分の知らないことを教え、その声を通じて王国中の家族に解放の思想が普及するのを援助すべきだったのだろう。そしてジョゼフ・ジャコトの元同僚、ラ・ファイエット将軍は、何世紀にもわたる大学による愚鈍化がのしかかっていない新しい国、アメリカ合衆国の大統領に、普遍的教育を告げ知らせることもできるだろう。しかも一八三〇年の七月革命の直後に、始祖はルーヴェンを離れ、勝利を収めた自由主義者や進歩主義者たちに、民衆に対する彼らの善意の思想を実現する方法を示すためにパリに向かった。つまり、ラ・ファイエット将軍は国民軍のなかに普遍的教育を広めさえすればよいということだ。また、かつてジャコトの学説の熱烈な支持者で後に首相となるカジミール・ペリエは、今や恩恵を広く告げ知らせることのできる立場にあ

(92) 『パネカスティック哲学』誌 t. V, p. 1-12.

った。ラフィット内閣の公教育省大臣であったバルト氏は、自らジョゼフ・ジャコトの意見を仰ぎにやってきた。政府が国民に施さねばならない教育を、最良の教育法に従って与えようとするなら、その手はずを整えるために何をすべきか。何も、と始祖は答えた。人々が自分でつかみ取れるものを与える義務を負うことはないという単純な理由から、政府は国民に対して教育を与える義務を負わないのです。教育は自由のようなものです。与えられるのではなく、つかみ取られるのです。では何をすべきなのか、と大臣は尋ねた。私はパリのコルネイユ・ホテルにいて、そこで毎日貧しい一家の父親たちを迎え入れ、彼らの子供を解放する方法を指示していると報じてくだされば充分です、とジャコトは答えた。

　学問または民衆のことを、あるいはその両方を気にかけているすべての人に普遍的教育のことを知らせねばならない。博識な者たちもまたそれを学ぶべきである。彼らには自分の知的能力を倍増させる可能性があるのだから。彼らは自分の知っていることを教えることしかできないと思っている。我々はこのような偽りの謙虚さの社会的論理を心得ている。この論理においては、放棄されるものによって、告げられる事柄が堅固にされるのである。しかし学者であるのなら――もちろん、探求する者のことであって、他人の知識を説明する者のことではない――、おそらく常にもう少し新しい何か、もう少し月並みでない何かを求めるものだ。自分の知らないことを教えてみるがよい。そうすれば、もしかしたら思いもかけない知的能力を発見し、それが新たな発見の道に導いてくれるかもしれない。

国民が自由で平等であることを望み、それは法律や憲法の仕事だと思い込んでいる共和主義者たちに、普遍的教育のことを知らせねばならない。寛大な心、そして発想や熱意に沸き立つ頭脳を持つすべての進歩人たち――発明家、博愛主義者に数学愛好家、理工科学校卒業生に学術振興協会員、フーリエ主義者にサン＝シモン主義者――に、普遍的教育のことを知らせねばならない。彼らは最も貧しくまた最も人数の多い階級の人々の身体的、知的、道徳的向上のために、技術上の発明、農学の向上、経済戦略、教育法、道徳制度の確立、建築改革、印刷技法、百科事典の発行等々を求めて、ヨーロッパの国々と知の諸領域とを駆け巡っている。しかし、彼らが考えているよりずっと多くのことを、ずっと少ない費用で貧しい者たちにしてやれるのだ。彼らは穀物置き場や水肥溜め、肥料や貯蔵方法を実験し助成すること、農法を改善し農民を豊かにすること、家畜小屋の腐敗や田舎者の頭の中にある偏見を一掃することなどのために金と時間を浪費している。だがことはずっと単純なのだ。一冊の色あせた『テレマック』があれば、あるいは祈りの文句を一つ書くための紙とペンさえあれば、田舎に住む人々を解放し、彼らの知的能力を自覚させることができるのだ。そうすれば、農民たちは自分たちで農法や穀物の貯蔵法の改善に取り組むだろう。愚鈍化とは根深い迷信なのではなく、自由を前にしての恐れなのだ。因習《ルーティーン》とは無知なのではなく、ただ隣人の無力さを確認するという悦びのためだけに自分自身の潜在的な能力を放棄する人々の怠惰と傲慢なのだ。解放しさえすればいいのだ。卵を保存し、羊に印をつけ、メロンの完熟を早め、バターに塩味をつけ、水を殺菌し、テンサイから砂糖を造り、グリーンピースの鞘でビールを造るための最も正しい方法を田舎の住民に教えるための百科事典を出版したところで、地方都市の弁護士、公証人、薬剤師たちのところをそれで溢れかえさせることになるのなら、そんなことのために破産するのはおやめなさい。むしろこの住民たちに、自分の息子に「カリプソ、カリプソは、カリプソはできなかった……」と復唱させる方法を示しなさい。そうすれば、彼らが何を為しうるようになるかお分かりになるだろう。

これこそ、知的解放の唯一の可能性《チャンス》であり、それがもたらす独自の可能性なのだ。つまり、公民の一人一人は、ペンで、鑿で、あるいはまったく別の道具で作品〔œuvre〕を作る人間でもあるのだ。より優れた劣った者一人一人はまた、自分が見たものを他人に語り聞かせ、他人に彼が見たものを語らせる、平等な者でもある。この自己対自己の関係を活用し、それに本来の真摯さを取り戻させてやることで、社会的な人間のうちに理性的な人間を目覚めさせることは常に可能である。社会機構の歯車のなかに普遍的教育の手法を組み込んでしまおうとしない者は、自由を愛する者たちを魅了するこのまったく新しいエネルギー、二つの極の接触により電光石火のごとく伝播する、重力も凝集もないこの動力を、生み出すことができる。社会機構の歯車を顧みない者には、解放の電撃的なエネルギーを流布させる可能性《チャンス》がある。

旧式のせいで愚鈍になった者や古い流儀の権力者は放っておけばよい。彼らは不用意にその境遇から切り離された庶民の出の者たちに教育が及ぼす害を、すでに気にかけていた。だからもし解放や知性の平等といったことを口に出したら、いや夫と妻は同じ知性を持っていると言っただけでも、どうなることだろう。すでにある訪問者が、そのような状況になったら女たちはそれでもなおかわいらしいだろうか、とジャコトに尋ねたではないか。だからこういう鈍い手合いには答えてやらず、彼らの貴族アカデミーの輪の中をぐるぐる回らせておこう。我々は愚鈍化を生み出す世界観を規定するのは次のことだと分かっている。すなわち、不平等の実在性を信じること、そして社会のなかで優越している者は実際に優れているのだと思い込むこと、またこの優越は取り決められた虚構にすぎないのだという思想がとりわけ低層階級に広まれば、社会は危機に陥るであろうと思い込むことである。実際は、解放された者だけが社会秩序はすっかり協定によっているのだということを動揺せずに理解でき、自分と対等の者だと分かっている上司たちに誠実に従うことができるのである。彼は社会秩序に期待できるものを承知しているので、そこで大騒動を巻き起こそうなどとはしない。愚鈍な者たちは何も心配するには及ばないのだが、彼らにはそのことが決して分かりはしないだろう。

進歩人たち

だから彼らには、自分は才能があるのだという心地よくまた心配性の意識を勝手にもたせておこう。だが、彼らとは別に、古い知的序列の転覆など恐れぬに違いないであろう進歩人たちが必ずいるものだ。「進歩」人というのは文字通りの意味で言っているのだ。すなわち、「前に歩を進める」人、しかじかを主張する者の社会的な地位には関心を持たず、それが本当かどうか自分で見に行く人のことだ。彼らは、真似する価値のあるすべての手法、方法、制度を求めてヨーロッパをくまなく歩き回る旅人である。そしてどこそこで何か新しい実験のうわさを聞けば、実際のところを見に出向いて行き、実験を再現しようと努める。彼らは二年で身につけられると立証されていることを身につけるのに、どうして六年も費やすのか理解できない。なにより、彼らは知識はそれ自体では価値がなく、行動することがすべてだと考えている。彼らにとって、科学は説明されるためにではなく、新たなる発見と有用な発明を生み出すためにある。それゆえ、有益な発明のうわさを聞けばそれを称賛したり批判したりするにとどまらず、可能とあらばその発明を試してみるために自分の工場や土地、資本を提供したり、はたまた自ら献身したりするのである。

ジャコト式学習・教育法をさまざまに実用できるかもしれないという考えに興味を持ち、それどころか熱狂しさえする、こうした類の旅人たちや改革者たちは跡を絶たない。彼らは旧式と決別した教師であることもある。たとえばデュリエ教授は若い頃からロックやコンディヤック、エルヴェシウスやコンドルセを読みふけり、「時代遅れな我々の教育機関の埃にまみれた体系(93)」の攻撃に早々と乗り出した。リールの国立高等工芸学校の教授であった彼は、この町に、これらの師たちが掲げる原則から着想を得た施設を創設した。皇帝ナポレオンが「万人の隷従という彼の目的にそぐわないすべての教育機関」に向けた「観念論を食い荒らす憎悪」の犠牲になったが、それでも後ずさりの教育法から抜け出そうという決意が変わることはなかったので、プロイセン大使ハッツフェルト公の息子たちを教育するためにオランダにやって来た。そこで彼はジャコト式学習・教育法のうわさを耳にし、理工科学校卒業生のセプレ氏がその諸原則に基づいて設立した施設を見学したところ、その原則と自分の原則が一致していることを認め、可能な限りいたる所にこの学習・教育法を広めようと決心した。五年の間、彼はサンクトペテルブルクでパシチョフ大元帥のところやシェルブレトフ公爵のところ、そして他にも進歩を愛好する貴顕たち幾人かのもとでそれを実行し、その後フランスへ戻ったが、その途中にも、リガやオデッサ、ドイツやイタリアで、解放の普及に努めた。彼は今では「抽象観念の木に斧を振るい」、できることなら「その一番深い根っこの繊維までも」引き抜きたいと考えている。[94]

そこで彼は自分の計画をスダン羅紗の名高い製造業者であり、自由主義極左の代議員でもあるテルノー氏に話した。啓蒙された産業家として、彼ほどふさわしい人物は見当たらない。フェルディナン・テルノーは父親の不安定な工場を立て直し、革命や帝政といった様々な動乱にもかかわらずそれを繁栄させるだけでは飽き足らなかった。彼はカシミアの生産を奨励することで、国内の産業一般にとって有益なことをしたいと考えた。そしてそのために国立図書館の東洋学者を雇い、千五百匹の山羊の群れを探しにチベットに行かせ、それらの山羊をピレネー山脈の環境に順応させようとした。自由と啓蒙の熱心な擁護者である彼は、自分の目でジャコト式学習・教育法の成果を見た

（93）『パネカスティック哲学』誌 t. V, p. 277.
（94）同書 p. 279.

いと考えた。そしてその成果に納得して、支援することを約束した。彼の援助のおかげで、デュリエは「ラテン語の動名詞《スピーヌム》や動詞的中性名詞《ゲルンディウム》の古道具屋たち」や、それ以外の「大学の特権を利用する権力者たち」を一掃できると自負するようになった。

そのように前進していた製造業者はフェルディナン・テルノーただ一人ではない。ミュルーズにはドルフュス兄弟の博愛的な活力によって設立された先駆的な機関「実業者協会」があり、会の若き指導者であるプノ博士に、普遍的教育によって労働者向けの授業を行うという任務を任せていた。パリではよりつつましい身分の製造業者、染色工のボヴィザージュが、ジャコト式学習・教育法のうわさを聞いた。彼は独力で身を立てた工員で、ソンム県に新しい工場を建てて事業を拡大したいと思っていた。しかし、だからといって素性を同じくする仲間たちと切り離されたくはない。そこで共和主義者でフリーメーソンのボヴィザージュは、自分の工員たちを共同経営者にすることを夢見たが、不幸なことに、現実は夢よりもずっと陰鬱なものであった。彼の工場でも、他のすべての工場同様、工員たちは互いにねたみ合い、雇い主に反抗する時にしか団結しないのだ。ボヴィザージュは、彼らのうちにある古い人間を打ち砕き、彼の理想を実現させてくれるような教育を工員たちに施したいと思った。そのために、ジャコト式学習・教育法の熱心な信奉者であるラティエ兄弟に問い合わせた。この兄弟のうちの一人は、毎週日曜日に羅紗の卸売市場で解放を説き勧めていたのである。

工場主たちに加えて、進歩的な軍人たちもいた。主に工兵隊および砲兵隊の士官たちで、彼らは革命と理工科学校の伝統の守護者だった。かくして、裕福な磁器製造業者の息子でヴァランシエンヌの工兵士官であるシュルシェール中尉は、その地に一時的に隠遁していたジョゼフ・ジャコトのもとを定期的に訪れた。ある日彼は兄弟のヴィクトルを同伴した。ヴィクトルは複数の新聞で記事を書く記者だったが、合衆国を訪れ、十九世紀だというのに未だ奴隷制と呼ばれる人間性の否定が存在していることに憤慨して戻ってきたのだった。

だがこうした「進歩主義者」たちすべての典型は、なんといってもラステリ伯爵である。彼は七十代にして国内産業奨励協会、初等教育協会、相互教育協会、中央農学協会、慈善協会、教育法協会、ワクチン協会、アジア協会、『教育としつけ』誌、『日常の知識』誌といったものの会長、創設者、または中心人物であった。これらすべての会長の座におさまって安らかにまどろんでいる太鼓腹のアカデミー会員などを想像して、どうか笑わないでいただきたい。それどころか、ラステリ氏は一所《ひとところ》にじっとしていないことで知られている。彼は若い頃から、経済についての知識に磨きをかけ、自分の領地の管理運営を改善するために、イギリス、イタリア、スイスを訪れた。義兄弟のラ・ファイエット侯爵同様、初めは大革命の支持者だったが、にもかかわらず革命暦三年頃に爵位を隠すためにスペインに渡ることを余儀なくされた。その地でさまざまな反教権主義の作品を翻訳できるほどにスペイン語に熟達し、メリノ羊について勉強し二冊の書物を出版するまでになり、そのさまざまな長所を評価して一群れをフランスに連れ帰った。彼はまたオランダ、デンマーク、スウェーデン（ここから彼はスウェーデンカブを持ち帰った）、ノルウェー、ドイツを駆け巡った。

さらに、家畜の肥育、穀物の保存に適した穴、綿花の栽培、大青《タイセイ》、藍、その他青色を作るのに適した植物の栽培に取り組んだ。一八一二年にゼネフェルダーによる石版印刷の発明を知るとただちにミュンヘンに向かい、その手法を学んでフランスで最初の石版印刷機を創った。この新しい産業は教育に役立つ力を持っていたので、今度は教育方面の問題に関心を持ち始めた。そして彼はランカスター式教育法による相互教育を導入するために奮闘した。だが彼は少しも排他的な男ではなかった。種々の協会に加え、教育学上のあらゆる改革の研究調査のために教育法協会を設立した。ベルギーで起こった奇跡についての世間のうわさを聞き及んだ彼は、自身で現場に様子を見に行くことにした。

七十歳にしてなお矍鑠《かくしゃく》としたラステリ氏は——彼はその後さらに二十年生き、蒙昧主義を厳しく批判し学問と哲学を広めるために数々の書物をものし、協会を設立したり雑誌を創刊したりすることになる——、駅馬車に乗り込み、始祖ジャコトに会い、マルセリス女史の学院を訪れた。そこで生徒たちに即興と作文をやらせてみて、彼と同じくらいうまく書くことを確認した。知性の平等という臆見に彼は怖じ気づくことはなかった。それは学問と徳の習得を大いに励ますものであり、どんな物質的な権力よりもずっと有害な知的特権階級に打撃を与えるものである、と彼は考えた。そしてその臆見が確実であることを明らかにできればと願った。そうすれば「傲慢な天才たちの思い上がりも消え失せるだろう。彼らは自分らが生まれつき特権を与えられていると信じ、同類を支配しほとんど畜生のレベルにまで貶める権利まであるものと思っているが、それというのも、巡り合わせによって盲目的に振りまかれ、人々の無知につけこんで手に入れることができる物質的な恵みを、独占的に享受するためなのだ」[95]、そう彼は考えた。そこで彼は戻ってきて教育法協会にこう告げた。これは文明および人類の幸福にとってつい先頃なされたばかりの偉大な一歩である。民衆の教育の進歩を促進するのに適した教育法のうちでも、協会が第一に検討し、推奨しなければならない、新たな教育法である、と。

羊たちと人間たち

ジャコトは伯爵の熱意を高く評価した。だがただちに彼の不注意を告発せざるをえなくなった。たしかに、知的解放という考えに賛同する者にしては、その考えを教育法協会の承認に委ねようとするというのは、奇妙な不注意だった。「教育法協会」とは実のところ何であろう。各家庭を教育したいと望み、そのために最良の方法を選ぼうとする、優れた人間たちの審議会である。それは明らかに、家庭には自力で選ぶ能力がないことを前提としている。選ぶためにはすでに教養がなければならない。だがその場合には、家庭はもはや教養を授けてもらう必要がないであろう。そして、

(95) Lasteyrie, *Résumé de la méthode de l'enseignement universel d'après M. Jacotot*, Paris, 1829, p. XXVII-XXVIII.〔ラステリ『ジャコト氏による普遍的教育法概説』〕

もはや協会の必要もないということになり、はじめの前提と矛盾してしまう。「学会の術策というのはとても古く、世間は常にだまされてきたし、これからもずっとだまされ続けるだろう。公衆にわざわざ自分で検討するには及びませんよと先回りして知らせるのだ。会報が調査検討を引き受けるし、協会が評価を請け負う。不精者を威圧する偉そうなふりをするために、決して褒めすぎることもなければ貶しすぎることもない。熱烈に感服するのは狭量な精神の表れだ。だが、節度を持って褒めたり貶したりすると、不偏不党だという評判を得るばかりか、評価される者たちの上位に身を置くことができる。我々は彼らより有能であり、慧眼をもって優良なものを凡庸なものや粗悪なものから識別した、というわけである。報告書というのは、愚鈍化を行う見事な説明であり、必ず成功する。しかも、いくつかのとるに足りない自明の理を引き合いに出して、自分の演説にふんだんに混ぜ込む。「完璧なものは何もない」、「いき過ぎを警戒しなければいけない」、「時が証明してくれる」等々。(…)こうした人物の一人は次のように発言する。「みなさん、あらゆる優良な教育法は我々の試金用の坩堝に入れられ、フランス国民は我々の分析から出る結果を信頼するだろうと、我々の間では意見が一致しています。各県の民衆は、自分たちの判断を導くために我々の協会のような協会を持ちえません。たしかに、あちらこちらの地方の大都市にはいくつか小さな坩堝があることはあります。でも最良の坩堝、代表的な坩堝はパリにしかありません。あらゆる優良な教育法は我々の坩堝で精錬され、点検されるという名誉を競い合っています。ただ一つの教育法だけが、それに反抗することを許されています。しかし、我々はそれもつかみ取り、他の教育法と同様に坩堝の試験にかけるでしょう。会員たちの知性は、あらゆる教育法の正当な分析がなされる巨大な実験室なのです。「普遍的教育」が我々の規則に抵抗したとて無駄なことです、規則は我々にこの教育法に評価を下す権利を与えてくれますし、我々は実際評価を下すでしょう[96]」。

かといって、教育法協会がジャコト式学習・教育法に悪意をもって評価を下したと思ってはいけない。協会は会長の進歩的な思想を共有しており、この学習・教育法のあらゆる優れた点を認めえた。おそらく、このような教授たちの審議会の中なのだから、教師の仕事の驚異的な単純化を告発しようとする嘲笑的な声があがることはあっただろう。おそらく、彼らの「疲れを知らぬ会長」が旅から持ち帰った「奇妙な細部」を前にして、何人かは懐疑的なままだったことだろう。またよそでは、訪問は入念に準備され、「即興」は暗記されたものであり、「斬新な」作文は教師の作品から書き写され、書物はひとりでにちょうどいい箇所で開かれるのだと、いかさま師の演出を告発する声があがった。ギターを弾けない教師が見ている楽譜とは違う曲を生徒が弾いたことも笑いの種になった[97]。だが「教育法協会」の会員は言葉だけで信じるような者たちではなかった。懐疑的なフル

(96)『母語』p. 446 および 448.

(97) Cf. *Remarques sur la méthode de M. Jacotot*, Bruxelles, 1827〔『ジャコト氏の学習・教育法に関する注意書き』〕および *L'Université protégée par l'ânerie des disciples de Joseph Jacotot*, Paris, et Londres, 1830.〔『ジョゼフ・ジャコト門弟の愚かしさに護られる大学』〕

サール氏はラステリ氏の報告を確かめに行き、納得して戻ってきた。次いでブトミー氏がフルサール氏の熱狂を確かめ、ボードワン氏がブトミー氏の熱狂を確かめた。全員が納得して戻ってきた。だが正確には、彼らは三人ともこの新しい教育法が示している卓越した進歩に納得して戻ってきたのだ。彼らはそれを貧しい人々に伝えたり、この教育法で自分の子供を教育したり、自分の知らないことを教えるためにこの教育法を使ったりすることに取り組むことは一切なかった。彼らは、様々な新しい教育法の秀逸さを実地に明らかにする目的で「協会」が設立した「正教育法試験」学校のために、この教育法を採用するように協会に要求した。だが協会の多数派とラステリ氏自身は反対した。協会は「現在提出されている、そしてまたこれから提出されるであろうすべての教育法を排して」、ある一つの教育法を採用することはできない、というわけである。そんなことをすれば、協会は「改善の可能性に限度を定める」ことになってしまい、過去、現在、未来に渡るあらゆる優れた教育法の漸進的な改善という、自らの哲学的信条でありかつ実践的な存在理由であるものを損なってしまうこととなっただろう。(98) だから協会はこのいき過ぎは拒否したが、「普遍的教育」に対するまわりの嘲笑にもかかわらず、平然と落ち着き払って公平な立場を取り、ジャコト式学習・教育法による教育に正教育法試験学校の教室を一室割り当てた。

ラステリ氏の言動が一貫性を欠くのは次の点においてである。かつて、メリノ羊や石版印刷術の価値に関しては、彼は委員会を招集したり、それらを導入する必要性について報告書を書いたりしようとは考えなかった。彼はそれらを自分用に試してみるために自分で持ち込んだのである。だが解放の導入については異なる判断を下した。それは彼にとって、社会的集団として取り組むべき公の問題だった。この不幸な相違は、それ自体不幸な同一視に基づいていた。彼は教育すべき民衆を羊の群れと混同したのだ。羊の群れは自分の行動を自分で導きはしない。そして彼は人間についても同じように考えてしまった。たしかに彼らを解放しなければならないが、それを行うのは教養ある者たちの務めであり、そのためには、教養ある者たちがその知性の光を共有しあい、最良の教育法、最良の解放手段を見つけ出さなければならないと考えたのだ。解放するということが彼にとって意味しているのは、蒙昧の暗闇の代わりに知性の光を灯すということであり、だからジャコト式も他の諸々と同じ一つの教育法、その他のものと比較されうる精神の照明装置だと考えた。つまり、たしかに卓越した発明ではあるが、毎週のように民衆教育の改善の新たな改善を提案してくるすべての発明と同じ性質のものである、と。ブリカイユの語彙汎用記述法、デュポンの読み方学習法〔citolégie〕、モンテモンの読み方教授法〔stiquiotechnie〕、オタンの立体幾何学、パンパレとリュパンの活版印刷、クーロン・テヴノの速記術《タキグラフィー》、ファイエの速記術《ステノグラフィー》、カルステールの能書術《カリグラフィー》、ジャズヴィンスキのポーランド式学習法、ガリエヌス式学習法、レヴィ式学習法、セノック、クープ、ラコンブ、メナジェ、シュロット、アレクシ・ド・ノアイユの各学習・教育法、それに協会の事務所に著作や研究報告書が殺到してくるその他多くの発明と同じ性質のものである、と。その時点で、すべ

（98） *Journal d'éducation et d'instruction*, IVe année, p. 81-83 および 246-266.〔『教育としつけ』誌〕

ては決まってしまった。協会、委員会、調査検討、報告に会報誌、「良い面も悪い面もある」、「時が批准する」、「賞賛されもしないが賞賛されないこともない」等の文言、こうしたものが世の終わりまで続いていくのだ。

農業や工業の改善が問題のときは、ラステリ氏は普遍的教育流に行動した。自分自身で見、比較し、熟考し、真似し、試し、修正した。だが知的解放を貧しく無知な一家の父たちに告げることになると、彼は不注意になり、すべてを忘れてしまった。彼は平等を「**進歩**」と解釈し、貧しい一家の父たちの解放を「**民衆の教育**」と解釈した。そしてこうした観念的存在者、こうした存在者の観念的論理〔*ontologies*〕に取り組むために、別の観念的存在者、すなわち同業者集団が必要なのだった。一人の人間が羊の群れを導くことはできる。だが「**民衆**」という群れのためには、「**学会**」、「**大学**」、「**委員会**」、「**会報**」、などといった名の群れが、要するに愚鈍化が、社会的虚構につきものの古い規則が必要なのだった。知的解放は、それ固有の活力によって、この古い規則を回避し抜き去るつもりだった。ところが、自分自身の進路上でこの古い規則に再び出会ってしまった。それは知的解放の原則や実践のなかから家庭にふさわしいものとふさわしくないものとを選り分け、それを進歩の名において、さらには民衆の解放の名において評価を下すことを請け負う法廷となって、そこに据えられていたのだった。

進歩主義者たちの堂々めぐり

このことは、単にラステリ氏のくたびれた頭のせいで一貫性のなさが生じたにすぎないということではない。それは、知的解放が同じく貧しい人々の幸福を望んでいる者たち、つまり進歩人たちに訴えかけるときに、正面から出くわす矛盾なのである。愚鈍化のお告げは始祖ジャコトにたしかに予告していた。「今日、お前が成功を望むことはかつてなく不可能となっている。人々は自分たちが進歩しつつあると信じているし、彼らの一般的な意見はこの基軸に基づいてしっかりと打ち立てられている。私はお前の努力を笑う。彼らはそこから動かないだろう」。

この矛盾を説明するのは容易い。「進歩」人というのは「歩を進め」、見に行き、試し、やり方を変更し、自分の知識を確認し、そのように際限なく続けていく者のことだとすでに述べた。それが進歩という言葉の文字通りの定義である。ところで、進歩人とはまた他のものでもある。それは、進歩という臆見に基づいて思考し、この臆見を社会秩序の支配的な説明の域にまで昇格させる者だ。

実際、説明は教育学者の用いる愚鈍化のための武器であるばかりか、社会秩序をなす紐帯そのものであることを我々は知っている。秩序とはランクの割り当ての謂いである。ランクをつけることは、現に存在しているということ以外に理由を持たない不平等の説明を、つまり不平等を配分し正当化する虚構を前提とする。日常的な説明の仕事は、一つの社会を特徴づけている支配的な説明の、とるに足りない小銭にすぎない。戦争と革命は、帝国の形と境を変えながら、支配的な説明の性質を変える。だがこの変化は狭い範囲のうちに限定されている。というのも、我々は説明とは怠惰の仕業だと知っているからだ。説明は不平等を持ち込むだけでいいのであり、それはごく容易いことだ。最も基本的な序列は「善」と「悪」の序列である。それを説明するのに役立つ最も単純な論理的関連は「以前」と「以後」の関連である。この四語、「善」「悪」「以前」「以後」で、あらゆる説明の原型が手に入る。「以前はもっと良かった」とある者たちは言う。立法者、さもなくば神が、物事を取り計らってくれた。人はつましくも幸せだった。長《おさ》は父親のように温情に満ち、人々は彼の言うことをよく聞いた。先祖の信仰は尊重され、職務は首尾よく割り当てられ、皆の心は結びついていた。今では言葉は乱れ、区別は混乱し、ランクは混ざり合い、下々の者への配慮は高位の者への敬意ともども失われた。だから、我々がつけている区別のなかで、今でも我々を善の原理に結びつけているものを保つように、あるいはそれを取り戻すように努めよう。またある者たちは「幸福は間もなくやってくる」と応える。人類は、自分の妄想が生み出す予測不可能な変化や恐怖に委ねられ、無学な乳母のおとぎ話で寝かしつけられ、専制君主の暴力や司祭の迷信に隷属した子供のようなものだった。今では精神は啓蒙され、生活習慣は文明化し、産業はその恩恵を振りまいている。人は自らの権利を知り、教育は知識とともに義務を彼らに明かすだろう。これからは、社会的なランクを決めるのは能力である。そして能力を開花させ、それを発達させるのは教育なのである。

当時はちょうど、一つの支配的な説明が、もう一つの説明の勢力に屈しようとしているところだった。過渡期だったのである。それはラステリ伯爵のような進歩人たちが一貫性を欠くこととなった理由を説明するものである。かつて、大学がバルバラだのセラレントだのバラリプトンだのと、論理形式を暗記するための詩をもぞもぞ言っているとき、その傍らには貴族や医者、有産者や教会の者たちがいて、大学には好きにやらせて、自分たちは他のことに取り組んでいた。彼らは光学の実験のためにガラスを切らせたり磨かせたり、あるいは自分たちでそれを磨いたりした。解剖学の研究をするために肉屋に家畜の目をとっておかせ、互いに自分の発見に関して情報を与えあって、互いの仮説について討議していた。このようにして、古い社会に開かれた数々の間隙をぬって、諸々の進歩が、すなわち理解し行動する人間の能力の現実的な行使が、実行されていたのだった。伯爵氏はまだわずかにこうした実験家貴族の名残をとどめている。だが途中で、彼は新しい説明、新しい不平等化の、高まる勢力によって捕らえられた。大文字の「進歩」である。学問のこれこれの分野、これこれの技術的な手法を改善するのは、もはや好奇心旺盛な者や批判的精神の持ち主ではない。社会こそが自らを改善し、改善というスローガンの下に自らの秩序を思考するのである。進歩するのは社会であり、社会は社会的にしか、すなわち全員一緒に秩序だってしか進歩できない。「進歩」は不平等を表す新しい言い方なのだ。

だがこの言い方には古い言い方よりはるかに恐るべき力がある。古い言い方は常に自らの原理と逆さまに行動することを余儀なくされていた。「以前はよかった」とそれは言っていた。つまり、「進めば進むほど、衰退へと向かって行く」というわけだ。だがこの支配的な意見《オピニオン》には、教育家の実践という、説明の実践のなかで支配的な地位を占めているものに適用できないという欠点があった。教育家たちは、子供は自分の素性から遠ざかり、彼らの指導のもとで成長し、無知な状態から彼らの与える学識へと移行して、完成に近づくのだと想定しなければならなかったからだ。あらゆる教育的実践は、知の不平等を悪として、善への限りない前進において縮減可能な悪として説明する。あらゆる教育学はおのずから進歩主義的である。そういうわけで、大きな説明と小さな個々の説明家たちとの間に不一致があった。両者とも愚鈍化を実行しているのだが、それが無秩序のうちになされていた。そしてこの秩序のなさが、解放が生じるための隙を与えていたのである。

そういう時代は終わろうとしていた。以後、支配的な虚構と各教師による日々の愚鈍化は同じ方向に進むようになる。それにはいたって単純な理由がある。「進歩」とは、教育学の虚構が、社会全体におよぶ虚構にまで成り上がったものなのだ。教育学の虚構の核心は、不平等を「遅れ」として表現することにある。つまり、そこで劣等はその無垢な姿において捉えられることとなる。劣等は虚偽でも暴力でもなく、ただの遅れにすぎない。そして説明家は遅れがあるのを見てとることで、その遅れを取り戻させてやることのできる立場に自分を置くのである。もちろん遅れを取り戻させてやることは永久にないだろう。自然の摂理が目を光らせていて、常に遅れが、常に不平等があることだろう。だが、こうして説明家は不平等を縮減するという特権を絶えず行使することができるし、それには二重の効用がある。

進歩主義者の前提は、教育学が前提としたこととの社会的な絶対化である。以前は、ひとは盲目に手探りで歩み、無教養な母親や子守女の口から程度の差こそあれ不適切に言葉を受け取り、当てずっぽうに事を進め、物質界との最初の接触から誤った観念を引き出していたのだった。今や新たな時代が幕を開け、子供であった人間は成熟への正しい道を歩む。指導者はすべてのものを覆っているヴェールを指し示し、それをめくり始める――適切に、秩序立てて、一歩一歩、漸進的に〔progressivement〕。「ある程度の遅れを進歩〔progrès〕の中に挿入しなければならない[99]」。方法論《メソッド》が必要なのである。方法論がなければ、優れた方法論がなければ、人間という子供あるいは民衆という子供は、幼年期の作り事や因習、偏見の餌食となるだろう。方法論があれば、彼らは理性的に、そして漸進的に前に進む者の足跡を辿ることができる。彼らはそういう者たちに続いて、際限なく近づこうとしながら向上する。生徒が教師に追いつくことも、民衆が教養豊かなエリートに追いつくことも決してないが、そこに至るという希望が、彼らに正しい道、改善される説明の道を歩ませるのである。「進歩」の世紀は、勝ち誇った説明家の世紀、教育学を植え付けられた人類の世紀である。この新しい愚鈍化が恐ろしい力を持つのは、それが依然として古い流儀の進歩人のやり方を真似ており、それが古い愚鈍化を攻撃する際の言葉遣いが、解放をかろうじて知らされたにすぎない精神に偽物を解放だと信じ込ませ、ほんの少しでも不注意になればつまずいてしまうようにするのにお誂え向きのものであるからだ。

---

(99)『知的解放』誌 t. IV, 1836-1837, p. 328.

つまり、旧式に対して進歩主義者が収めつつある勝利は、また同時に、彼らの反抗そのものを通じて旧式が勝利を収めること、制定された不平等が絶対的な勝利を勝ち取ること、この制定を模範的な仕方で正当化することでもある。それこそ、旧式の恒久的な権力が立脚する、揺るぎない基盤なのである。始祖ジャコトはそれを善意の進歩主義者たちに示そうと試みた。「狡猾な説明家たち、そしてすべての者が、すでにこう繰り返してきた。「文明の進化を見たまえ。民衆は実用的知識を必要としているのに、今まで彼らには何の役にも立たないラテン語ばかりが売られてきたのだ。これからは彼らは図面を引いたり、機械を製造したりするだろう」。哲学者たちよ、あなた方の言うことはもっともだし、あなた方を少しも手助けしようとせずに死語という玉座にゆったりと寝そべっている教育長の支配の下にありながらもあなた方が示している熱意を立派だと思う。あなた方の献身を立派だと思う。あなた方の博愛的な目的は、きっと旧式の目的より有益なものだろう。だが、あなた方の手段は彼らのものと同じではないか。あなた方の方法論は彼らのものではないか。旧式と同じように、説明教師たちの覇権を擁護していると非難されるのではないか、心配になることはないのか」[100]。その場合、善意はかえって事態を悪化させることになりかねない。旧式は自分の望むものを知っていた。それは愚鈍化であり、旧式はこの目的に応じて仕事をする。一方進歩主義者は、精神を解放し民衆の能力を高めることを望むことは望んでいる。だが彼らが提案していることは、説明をより完全なものとすることによって愚鈍化をより完全なものとすることなのである。

その点に進歩主義者たちの堂々めぐりがある。彼らは古い因習から、司祭たちやあらゆる類いの蒙昧主義者たちの影響力から、精神を引き離すことを望んでいる。そのためには、より理に適った方法論や説明が必要であり、委員会や報告を通してそれらを試し、比較する必要がある。また、資格、免状を所持し、新しい方法論による教育を受け、それを監視の下に実施する職員を、民衆の教育のために雇わねばならない。なにより、無能な人の即興を避けねばならないし、偶然や因習によって形成された精神の持ち主、改善された説明や漸進的な方法論に通じていない手合いに、学校を開いたり、そこで何でもかんでも勝手なやり方で教えたりする可能性を残しておいてはならない。因習に囚われた反復と根深い迷信の場であり、経験からくる知識と明晰を欠く感情の場である家庭が、子供の教育にあたるのを避けなければならない。そのためにはしっかりと秩序立てられた公教育の体系が必要である。そして大学と教育長が必要である。古代ギリシャや古代ローマ帝国には大学も教育長もなかったけれど物事はそう悪くは運ばなかった、などと言っても無駄である。進歩の時代には、遅れた民衆のなかで最も無知な者でさえ、パリに少しの間滞在すれば、「アニュトスとメレトスが、第一に説明の必要性、第二に説明する事柄、第三に説明の仕方を定める組織が今後は必要であると示した」ことについて納得できるだろう。こうした用心がなければどういうことになるか、彼らは理解するからだ。「第一にローマやアテナイでそうだったのと同じように、先回りして措置を講じる組織がないせいで、我々の靴屋はブーツをかたどった彼らの看板の傍に「普遍的教

(100)『数学』p. 21-22.

育」と掲げかねないだろう。そして第二に仕立て屋は、ローマで見られたように、あらかじめ吟味することなく可展面を説明しようとするだろう」。その結果、何にもまして避けねばならないこと、すなわち「古い説明が改善された説明を犠牲にして代々伝わっていくこと」(101)になるだろう。

このように、教育の改善とは第一に手綱の改善、あるいはむしろ手綱の有用性の描き方の改善である。絶え間ない教育改革が通常の体制となり、その下で説明機関は合理化、正当化され、それと同時に、旧式の原理と諸機関の永続性が保証される。様々な新しい教育法のために、たとえばランカスターの相互教育のために戦いながら、進歩主義者たちは何よりもまず、最良の手綱を持つことの必要性を示すために戦っていたのである。「あなた方進歩主義者たちは旧式がランカスターなど望んではいないことを知っているし、それがどうしてかも見抜いている。けれども、彼らは結局あなた方にランカスター流教育法をやらせておいた。なぜだかお分かりか。そこには相変わらず手綱があるからだ。他の人の手にあればもっと好ましいけれど、結局手綱があるところならどこであれ何ひとつ絶望する必要はないというわけだ。あなた方の応用幾何学も彼らの好みには合わないけれど、それでもそれはきちんとした形式に則って応用されている」(102)。彼らはランカスター流教育法をやらせておいたし、きっとまもなく産業教育も勝手にやらせておくだろう。ランカスター流は一つの手綱だった。教育を施すからというよりは、むしろ不平等という虚構を信じさせることができるという点で、他のあらゆる手綱同様に役に立つ手綱だったのだ。それは、古い調教に対立しておきながら、結局すべての調教の原理である古い調教の原理をより巧妙に肯定することにしかならない、もう一つの調教なのだ。「以前は人々はラテン語のなかでぐるぐる回っていた。今や調教師は機械のなかで我々を回らせる。（…）警戒していないと、より感知しにくくより正当化が容易くなるにつれ、愚鈍化はより深刻なものとなるだろう」(103)。

民衆の頭上に

話をもっと進めよう。普遍的教育もまた、この愚鈍化の革新のなかに組み込まれた「優良教育法」になりうる。それは、精神に最良の訓練を提供しつつも子供の知的発達を尊重する「自然」教育法になりうるし、子供に自分の力で論理的に思考し独りで困難に立ち向かう習慣をつけさせ、自分の言葉に対する確信や責任感を培う「活動主義的」教育法にもなりうる。あるいはまた、文法学者の隠語《ジャーゴン》を退け、大作家たちの言語を手本にして学ぶ「古典的な」優良教育にもなりうるし、費用がかかり延々と続く中等教育の過程を無視して、すぐにも社会の改善に役立つ職業に身を投じることのできる、教養があり手際のよい若者を育成する、実践的な「速習」法にもなりうる。より多く

(101) 同書 p. 143.
(102) 同書 p. 22.
(103) 同書 p. 21.

を為しうる者はより少なくも当然為しうるので、自分の知らないことを教えるのに適した教育法は、知っていることをやすやすと教えられるようにする。優れた教師たちがこの教育を看板にして学校を開設する。デュリエ氏や若きウージェーヌ・ブトミー、理工科学校卒業生で自分の私塾をアンヴェールからパリに移したセプレ氏のような定評のある教師たち、それ以外にも一群の優秀な人々が、パリ、ルーアン、メス、クレルモン=フェラン、ポワチエ、リヨン、グルノーブル、ナント、マルセイユなどに私塾を作った。ルーヴェンを旅したギャール氏が、「汝自らを知れ」に基づいた教育を施していた、「御言葉の化身」という学校や、門弟デウイエールの疲れを知らぬ熱意により転向した、パミエ市やサンリス市などの神学校のような、宗教的でありながらも啓蒙されていた教育機関のことは言うまでもない。こうした私塾——もちろん、急増してきた偽物のことを話しているのではない——は、普遍的教育法の訓練に倣う仕方の正確さにおいて際立っている。「カリプソ、カリプソは、カリプソはできなかった」と始まり、その後は即興、作文、確認、同義語、等々と続けられる。要するに、ジャコトの教えのすべてが尊重されていた。ただ一、二の些細な点に違いがあった。教師は自分の知らないことを教えているのではないのだ。だが無知になりたいからといってなれるものではなく、ブトミー氏がギリシャ語やラテン語に深い造詣があるからといって、またセプレ氏が数学者で、しかも最も優秀な数学者のうちの一人だからといって、彼らが悪いわけではない。

また、学校の案内書には知性の平等についても書かれていない。だが知ってのように、それは「始祖」ジャコトの臆見である。そして彼自身が、臆見と事実とを厳密に区別し、すべての論証を事実のみに基づいて行うように我々に教えたのである。だとすれば、疑心暗鬼の人や半ばしか納得していない人たちに、この臆見のような容赦ない前提条件を突きつけて何になるのだ。彼らにこの原則の力を示すために、目の前に事実を、教育法の成果を差し出した方がいい。それはまた、ジャコトの名前を出してその名を汚したりしない理由でもある。むしろ、ソクラテスやモンテーニュ、ロックやコンディヤックといった過去の最良の頭脳たちに認められた、「自然教育法」という言葉が使われる。師自身、ジャコト式教育法というようなものはない、生徒の方法、人間精神の自然な方法があるだけだ、と言っていたのではなかったか。ならば彼の名を案山子みたいに振りかざして何になるのだ。一八二八年、すでにデュリエは始祖ジャコトにこう予告してきたのだった。「抽象観念の木」に斧を振り下ろすつもりでいますが、樵《きこり》のようにやるつもりはありません、と。彼は普遍的教育法の栄えある勝利を準備するためにそっとすべりこんで、「これみよがしの成功をいくつか」巧妙に手配しようとしていた。彼は普遍的教育を介して知的解放に達したいと思っていたのである。(104)

ところで、一八三〇年に勝利を収めた七月革命のおかげで、この企てはより広範な舞台を得た。一八三一年、進歩主義者のうちでも最も先進的であった若いジャーナリスト、エミール・ド・ジラルダンによって機会はもたらされた。当時二十六歳。『エミール』の作者ルソーを庇護したジラルダン侯爵の孫である。たしかに私生児ではある。だが、もはや誰も自分の出自に顔を赤らめる必要

(104)『パネカスティック哲学』誌 t. V, p. 279.

のない時代が始まろうとしていた。彼は新たな時代と新しい力を感じていた。労働と産業、職業教育と家政、世論とジャーナリズムなどである。そして彼はラテン語学者や衒学者を嘲笑した。地方の良家の人たちが法学を勉強させたり、尻軽な町娘を口説かせたりするためにパリに送ってよこす、間抜けな若者たちを嘲笑った。彼は、エリートが活動的であること、土地が化学の最新の発見によって肥沃にされること、民衆がその物質的な幸福に貢献しうるすべてのものを学び取り、近代社会の均衡をなす、権利、義務、利害のバランスに関して十分な知識を持つことを望んでいた。そして、それらすべてが素早く進み、迅速な教育法によって若者がすぐに共同体の役に立つようになるための準備をし、学者や発明家の発見がただちに作業場や家庭、辺鄙な田舎にまで行きわたって、そこに新しい思想を生み出すことを望んでいた。彼はこれらの恩恵を即座に普及させるための機関があればいいと思った。たしかにラステリ氏の『日常の知識』誌があるにはあった。だがこういった出版物は高価で、それゆえ必然的にそれを必要としていない読者にしか手が届かなかった。アカデミー会員のために科学を、社交界の婦人のために家政を通俗化したところで、何の役に立つだろう。そこで彼は『有用な知識』誌を刊行し、大々的に予約申し込みと広告のキャンペーンをすることで、十万部を刷った。この雑誌を支援し活動を拡張するために、ジラルダンは新しい協会を創設した。彼はそれをごく簡単にこう呼んだ。「知的解放のための全国協会」、と。

この解放の原理は単純である。彼はこう書いている。「建築物同様政体には均され踏み固められた地盤が不可欠である。教育は知性を均等にし、思想に地盤を与える。(…)大衆が教育されれば、絶対主義政府は危地に陥る。逆に大衆が無知であれば、共和制政府は危地に陥る。というのも議会の討論は、大衆が自分たちの権利を分別をもって行使できるようになるのを待ってから、彼らにその権利を明かすわけではないからだ。民衆が自らの権利を知るや、彼らを統治する方法はもはや一つしかない。彼らを教育することである。故にすべての共和制政府に必要なのは、国民に職業教育を段階的に施す大規模な教育体系《システム》である。この体系が、大衆の蒙昧のただなかに光をもたらし、あらゆる恣意的な区分に取って代わって、各々の階級にそれぞれのランクを、各々の人間にそれぞれの地位を割り当てるのである(105)」。

この新しい秩序はむろん、勤労人口に尊厳が認められている秩序、彼らが社会秩序において支配的な地位を占めている秩序である。知的解放とは、教育という特権と結びついていた古い序列の転覆である。それまでは、教育は支配階級の者たちが独占していて、それが彼らの覇権《ヘゲモニー》を正当化していた。その結果、よく知られているように、教育を受けた民衆の子はもはや両親の境遇を受け入れようとはしなかった。だから体系の社会階級的な論理を覆さねばならなかった。これからは教育はもはや特権ではなく、無能力は教育の欠如である。教育を受けるよう民衆に強制するために、一八四〇年には、二十歳の男子で文盲ならば、無能力者の烙印を押して、不運な若者を兵役に送り込むあのくじの番号を、まっさきに強制的に割り当てるようにしなければならなかった。民衆に課され

(105) *Journal des connaissances utiles*, 3e année, 1833, p. 63.〔『有用な知識』誌〕

たこの義務は、全く同様に民衆に対して負う義務でもあった。一八四〇年までにフランスのすべての若者に読むことを習得させるための速習法を見つけなければならなかった。「知的解放のための全国協会」のスローガンはこうだ。「民衆の頭上に教育を注ぎかけるべし、あなた方には彼らにこの洗礼を施す義務がある」。

民衆の代父をつとめたのは、教育法協会から引き抜かれ、全国協会の書記となっていた普遍的教育の熱烈な崇拝者、ウージェーヌ・ブトミーだった。雑誌の創刊号で、彼は大衆を教育するための速習法を示すことを約束していた。彼は「自分自身による教育」と題された記事のなかでその約束を守った。教師は声に出して「カリプソ」と読み、生徒は「カリプソ」と復唱しなければならない、続いてよく単語と単語の間を離して「カリプソ　は」「カリプソ　は　できなかった」等々。この教育法は、それを自ら子供に教える自然に敬意を表して、「自然的普遍的教育」と呼ばれた。高潔な代議員のヴィクトル・ド・トラシー氏は、そのようにして自分の自治体の四十人の農民たちを教育し、それなりの成功を収めたので、彼らは一通の手紙を書いてよこし、このように自分たちを知的な生活に導き入れてくれたことに対し、トラシー氏に熱烈な感謝の念を表現できたほどだった。この雑誌の購読者一人一人に同じようにさせよう、そうすれば間もなく無知という害毒は社会から完全に消滅するだろう(106)。

模範的な教育機関を助成することを望んでいたジラルダンの協会は、セプレ氏の学院にも興味を抱いた。そしてその「独学」法を検討するため、協会は委員会のメンバーを派遣した。それは、常に偉大な発見へと導く方法であり続けてきた自然教育法に従って、少年たちに事実に基づいて、熟考し、話し、推論することを教えるというものであった。雰囲気のよさでパリでも最も評判の高い界隈であるモンソー通りという学院の所在といい、食事、衛生、体育教育、そして道徳上および宗教上の意識などの健全さといい、これ以上望む余地のないほどだった。さらに、年間最大八百フランという費用で三年間中等教育を受ければ、生徒があらゆる試験を受けられる状態になることを学院は約束していた。したがって、一家の父は息子の教育費を正確に予測し、割に合うかどうか計算することができた。これらを評価して、協会はセプレ氏の学院に、「国民高等学校《リセ》」の称号を授けた。だがその一方で、協会はそこに子供を送り込もうとしている親に、子息に就かせる職業を決定するために学院のカリキュラムを注意深く読むように勧めた。希望の職業が決まれば、協会の委員会メンバーは、親の望む学業指導が綿密に行われているか監視し、生徒が自分の同業者のなかで高く買われるようになるために必要なことをすべて学び、くれぐれも「よけいなことなど何も」学ばないようにする。[107] 残念ながら、委員たちには「国民高等学校」の活動への協力を十分に推し進める時間の余裕はほとんどなかった。農業知識を広めると同時に、町で無為に暮らす若者たちの一部を更生する目的で建てられたブルターニュ地方の農業機関のために、「知的解放のための全国協会」は散

(106) 同書 2e année, no 2, 1er février 1832, p. 19-21.
(107) 同書 3e année, p. 208-210.

財し尽くしてしまったのだ。だが少なくとも協会は将来のために種をまいた。「有用な知識を載せた雑誌というのは優れた雑誌だった。我々はあなたの「知的解放」という言葉を使い、説明の力によって読者を解放した。このような解放には危険なところはまったくない。勒《くつわ》がつけられ、いい騎手が乗っている時には、我々は馬がどこに行くのか分かる。馬の方は自分がどこに行くのか少しも分かっていないが、我々は安心していられる。馬はあちこち道に迷うことはないだろうから(108)」。

旧式の勝利

このように、普遍的教育も、「知的解放」という言葉それ自体も、進歩主義者たちの役に立ちうるものとなっていたわけだが、彼ら自身は、旧式の最大限の利益のために働いているのだった。仕事の分担は次のように行われていた。進歩主義者は方法論や特許、雑誌や定期刊行物に従事し、説明の改善を果てしなく改善していくことで説明への愛を維持し、旧式は教育機関や試験に従事し、説明を行う教育機関の揺るぎない基盤を管理運営し、社会的制裁の権限を握る。「それゆえ説明体制の空虚のなかで衝突しあうこれらすべての特許が生まれた。読み方の説明、変形書体、分かりやすくした諸国語、概観を可能にするための様々な一覧表、改善された教育法、等々。それ以外にもたくさんのご立派なことどもが、古い書物についての新しい説明を載せた新しい書物に書き写された。すべてが我々の時代のより完成した説明家たちに推奨されていたが、彼らは皆、当然ながら、予言者たちのように互いをないがしろにした。特許所有者が、今日ほど哀れむべきものであることはなかった。彼らはあまりに多く、自分でちょっとした改善を施した説明を持たないような小学生一人見つけるのも難しいほどだ。したがって、彼らはそのうち各々の説明を相互に説明しあうだけになるだろう。（…）旧式はこうした言い争いを笑い、そそのかし、裁定するために委員会の委員を任命する。委員はすべての改善を是認しはするが、旧式はそのいずれにも自分の古い王位を譲りはしない。分断シテ統治セヨ。旧式は中等教育機関《コレージュ》、大学、伝統芸能学校を自分たちに確保しておく。他人どもに任せておくのは特許だけだ。そして旧式は彼らに「それだけでもすでに大したことだ」と言い、彼らはそれを信じるのである。

　説明体制は時間と同じように、自らの子供を産み出すはしからむさぼり食うことで糧を得る。新たな説明、新たな改善が、生まれては死に、ただちに別の幾千もの説明と改善に場を譲る（…）。

　そのようにして説明体制は更新され、そのようにしてラテン語を教える中等教育機関やギリシャ語を教える大学は続いていくだろう。人々はわめきたてるだろうが、それでも中等教育機関は続いていくだろう。人々は嘲笑するだろうが、それでも最高に教養のある者たちや最高に頭脳明晰な者たちは、彼らの古い礼服を纏って、大まじめに挨拶を交わし続けるだろう。新しい産業教育法は老いぼれ教育法の見せかけの科学をあざけるだろうが、にもかかわらず、産業家たちは相も変わらず

（108）『知的解放』誌 IVe année, 1836-1837, p. 328.

改善された定規とコンパスを使って、くどくど同じことを言う老いぼれの玉座を組み立て、この老いぼれをすべての工房に君臨させておくのだ。要するに、産業家たちは地上に木材のある限り、説明用の教壇を作り続けるだろう」(109)。

したがって、蒙昧派に対して啓蒙派が当時収めつつあった勝利は、蒙昧派が擁護する最も古い信条、知性の不平等という信条を、刷新するように努めていたのだった。実のところ、この役割分担につじつまの合わないようなところは何ひとつなかった。進歩主義者の不注意のもとになっていたのは、あらゆる不注意のもとになっている情念、すなわち不平等という臆見なのである。進歩主義者の説明家は何よりもまず説明家であり、つまりは不平等の擁護者なのだ。たしかに社会秩序は誰にも不平等の実在を信じることを強要しないし、個人や家庭に解放を告げるのを妨げもしない。しかし、ただこのように告げるだけのことが――それを妨げることができるほどたくさんの憲兵たちがいるなどということは決してない――最も難攻不落の抵抗にあう事柄でもある。不平等を合理化すること以外の力を持たない知的序列の抵抗である。進歩主義はこの力の近代的な形態であり、伝統的な権威が物質的に取り得た諸形態とのあらゆる混淆から純化されたものである。進歩主義者は彼らの聖職の根拠となる民衆のあの無知、あの無能力以外に力を持たない。どうしたら、自分たちの足下に底なしの深淵を開いてしまうことなく、民衆に向かって、あなた方は自由な人間であるために、また人間としての尊厳にふさわしいすべてのことに通じた人間であるために、我々を必要とはしないのだ、などと言えるだろう。「こうした自称解放者たちは、それぞれ解放された者たちの群れを率いていて、それに鞍を置き、手綱をつけ、拍車を入れるのである」[110]。それゆえ、全員が唯一の「悪しき」教育法、「有害な」教育法、すなわち「悪しき」解放の教育法、ジャコト式教育法——すなわち反教育法——を排斥するべく団結することになる。

この固有名を口に出さない者は自分がしていることを分かっていた。というのも、この固有名はそれだけで決定的な違いを作りだしてしまうからである。「知性の平等」を唱え、民衆に教育と幸福を授けるすべての者たちの足下に底なしの深淵を穿つのは、この固有名なのである。だからこの名前が黙され、知性の平等の「告知」が行き渡らないことが肝要なのである。そしてペテン師にもうこれ以上つべこべ言わせないことが。「お前はいくら書いて叫んだところで無駄だ、文盲の者たちはお前が印刷したものを我々を通してしか学べないし、我々は彼らに我々の説明は不必要なのだと告げるほど頓馬ではない。読み方の授業を施すのであれば、我々は「優良な」教育法ならどんなものでも使い続けるであろうが、知的解放などという考えを与えるかもしれないような教育法は決して使わない。お祈りの文句を読ませることから始めたりしないようよく用心しよう。文句を知っている子供は自分ひとりでその読み方を見抜いたのだと信じるかもしれない。なにより、お祈りの文句を読めればそれ以外のものもすべて独りで読めるようになるということを、決して子供が知る

(109)『数学』p. 191-192.
(110)『法学およびパネカスティック哲学』p. 342.

ことがないようにしなければならない。(…)「学びそして関連づける」という、解放をもたらす言葉を決して口にしないよう用心しよう(三)」。

特に避けなければならないのは、貧しい者たちが自分自身の能力で知識を身につけられると知ること、そして彼らは能力を——今や社会秩序および政治秩序においてかつての貴族の称号の後を継いでいる、あの能力というものを——持っていると知ることだった。そのために為すべき最良のことは彼らを教育すること、すなわち彼らの無能力のほどを示すことである。いたるところに学校は開かれるが、説明する教師なしに学ぶ可能性を告げようとするところはどこにもなかった。それまで、知的解放はある原則に基づいてその「戦略《ポリティック》」を打ち立てていた。社会的機関に入り込もうとせず、個人と家庭を通っていけ、という原則である。しかし、解放に可能性を与えていたこの分離が通用しなくなりつつある時期にさしかかっていた。社会的機関、知的同業組合、そして政党が、今や家庭の戸を叩きにやって来て、すべての個人に向けて教育を施そうとする。それまでは、大学およびその入学資格《バカロレア》はいくつかの職業につく可能性を規制するだけであった。数千の弁護士、医者、大学教員である。社会における残りの職業はすべて、自分なりに自己形成した者たちに開かれていた。たとえば理工科学校の学生になるためには大学入学資格所持者である必要はなかった。だが、改善された説明の体系とともに導入されたのは、改善された試験の体系である。改善主義者たちの助力を得て、旧式は以後、それによる説明を受け、それが用意した階梯を気高くのぼっていく以外のやり方で学ぶ自由を、数々の試験を課すことでますます制限していくだろう。教師が全知であることと生徒が教師に決して追いつきえないこととをすばらしくよく表現する改善された試験は、以後、知性の不平等が行使する、避けて通ることのできない力として、社会のなかを自分自身の足で歩こうとする者の道にたちはだかることになるだろう。古い秩序のなかで孤立した陣地をなしていた知的解放の砦は、こうして逃れようもなく、説明機構の進軍に押し寄せられていたのだった。

教育学の対象となった社会

誰もがそれに共謀していた。しかも共和国と国民の幸福を熱心に欲すれば欲するほど、ますますそうなるのだった。共和主義者は国民主権を原則として掲げているが、彼らは主権を持つ国民と、もっぱら自分の物質的な利益を守ることに専念する無知な群衆とは同一視されえないことをよく分かっている。また、共和国は権利と義務の平等を意味するが、だからといって知性の平等を布告することはできないこともよく分かっている。実際、遅れた農民の知性は共和国の元首の知性ではないことは明らかである。ある者たちは、葉の無限の多様性が自然の尽きることのない豊かさに寄与しているように、この避け難い不平等は社会の多様性に寄与しているのだと考える。ただ、この不平等のせいで、劣った知性が自らの権利、そしてなにより自らの義務を理解できないという事態は

---

(111)『法学およびパネカスティック哲学』p. 330-331.

避けなければならない。その一方で、幾世紀にもわたる圧政と蒙昧がもたらした知性の不平等というこの欠陥を、時間が少しずつ段階的に埋め合わせていくだろうと考える者たちもいる。どちらの場合も、平等という大義――正しい平等、有害でない平等のことである――は、民衆の教育を同一の必要条件とする。博識な者による、無知な者の教育、献身的な者による、利己的な物質的関心にはまり込んだ者の教育、公的理性と公権力の普遍性による、自らの特殊性の中に閉じこもった個人の教育。それは「公教育」と呼ばれる。すなわち主権者としての国民《ピープル》という概念の代表者たちによってプログラムされた、経験によって生きるだけの民衆《ピープル》の教育である。

このように、公教育とは進歩の世俗権力であり、不平等を漸進的に平等にする方法、すなわち平等を際限なく不平等にする方法である。すべてが常にただ一つの原則、知性の不平等という原則に基づいて行われる。この原則が正当と認められれば、当然の成り行きとして、そこから導き出される帰結は一つしかない。知的な特権階級《カースト》による愚かな群集の指揮監督である。だが共和主義者もすべての誠実な進歩人も、この帰結に嫌悪感を覚える。彼らのあらゆる努力は、だから帰結を拒みつつ原則を認めることに向けられる。『民衆の書』の雄弁な著者、ラムネ氏もそうしている。彼は正直に認めている。「おそらく、人間は平等な能力を持ってはいない」[112]。だが、庶民階級の人はだからといって受動的な服従を余儀なくされ、獣の地位にまで落とされなければならないのだろうか。そんなはずはない。「知性の崇高な属性である自己に対する至上権が、人間を畜生から隔てる」[113]。おそらくこの崇高な属性の不平等な分配は、伝道者ラムネ氏が民衆に築き上げるよう勧める「神の国」

を危険にさらすものであるだろう。しかし、もし民衆が取り戻した己の権利を「賢明に用いる」ことができるなら、この国は可能であり続ける。民衆を貶めない方法、民衆が自分の権利を賢明に用いる方法、不平等から平等を作り上げる方法、それは民衆の教育、すなわち民衆に遅れを果てしなく取り戻させていくことなのである。

以上が適用された論理、不平等の「縮減」の論理である。知性の不平等という虚構に同意した者、社会秩序のうちに宿りうる唯一の平等を拒んだ者は、主権を持つ国民と知的に遅れた民衆とを両立させ、知性の不平等と権利と義務の相互性とを両立させるために、もはや虚構から虚構へ、また存在するもの《オントロジー》の観念的論理から同業者組合へと駆けずり回るしかない。公教育という、遅れとしての不平等を制度化した社会的虚構は、これらすべての観念的存在者を両立させる魔術師である。公教育は、説明とそれを統制する試験の領域を無限に拡大することで、この両立を実行するだろう。そうであるからには、産業家の作る新しい教壇と進歩主義者の抱く輝かしい啓蒙的信念とに支えられ、旧式は常に勝ち誇るだろう。

それに対抗するためにすべきことといえば、誠実だと思われるこうした人たちにもっと注意するようにと、常に繰り返し言う以外には何もない。「このような形式を変え、手綱を断ち切り、旧式

(112) *Le Livre du peuple*, Paris, 1838, p. 65〔『民衆の書』〕および『パネカスティック哲学』誌 t. V, p. 144.
(113) 『パネカスティック哲学』誌 p. 145 における *Le Livre du peuple*, p. 73 からの大雑把な引用。

とのすべての協定を破棄しなさい。考えてもみなさい、旧式があなた方よりもばかだということはない。そのことに思いをめぐらし、それをあなたがどう考えるのか、私に言ってみなさい[114]」。だがどうして彼らがそれ以上耳を貸すことなどありえるだろう。啓蒙家の使命は蒙昧な者を啓蒙することではないなどと、どうして聞き入れるだろう。どんな教養人、どんな献身者が、自らの啓蒙の光を桝の下に放っておき、腐敗を防ぐ地の塩を味のないままにしておくことを受け入れるだろう。それにか弱い若い草木のような民衆の幼稚な精神は、説明という恵みの露なくしてどうやって成長するというのだろう。彼らが知性の等級において地位を上げるための手段は、教養ある人から知らないことを学ぶことではなく、他の無知な者たちに知らないことを教えることであるなどと、誰が理解できるだろう。相当難儀するとはいえ、一人の人間としてなら、このような論証を理解できないこともない。しかしいかなる「有能な者」もそれを理解することは決してないだろう。ジョゼフ・ジャコト自身、偶然が彼を無知な教師にすることがなければ、決して理解することはなかっただろう。偶然のみが、制度化し具現化した、不平等への信仰を覆すに足る強さを持つのだ。

　そうは言ってもほんの些細なことでいいのだ。民衆の味方、進歩主義者や産業家たちがほんの少しの間そもそもの出発点に注意を払えば、「全体の性質は部分の性質と同じではありえない」という非常に古くかつ単純な形而上学的公理に要約される基本原理に注意を払えば、それで十分なのだ。社会に与えられている理性的性格は、その社会を構成する個人からは取り上げられる。また、なるほど社会は個人には認めていないものを自分のためにつかみ取ることはできるかもしれないが、個人にそれを返すことは決してできない。理性に関しても、その同義語である平等に関しても、事情は同じである。理性を現に存在する個人に認めるのか、それとも個人の虚構的結集に認めるのか、選択しなければならない。平等な人間たちのいる不平等な社会を作るのか、それとも不平等な人間たちのいる平等な社会を作るのか、選択しなければならない。平等に対して少しでも愛着を持つ者なら躊躇すべきでない。個人は現実の存在であり、社会は虚構なのである。平等が価値を持つのは現実の存在にとってであって、虚構にとってではない。

　不平等な社会にあって平等な人間であることを学べばそれで十分だろう。それが「自らを解放する」ということの意味するところだ。だがこのかくも単純なことは、とりわけ進歩という新しい説明が平等とその反対のものとを解きほぐせないほどごちゃまぜにしてしまってからというもの、この上なく理解しにくいものになってしまった。有能者たちと共和主義の心を持つ者たちが身を捧げる務めとは、不平等な人間たちをもって平等な社会を作ること、不平等を際限なく縮減することである。だがこのような立場を取る者には、それを貫徹する方法は一つしかない。社会全体を教育学の対象とすること、すなわち社会を構成する全個人の小児化である。それは後に生涯教育と呼ばれるようになるだろう。つまり、説明を担う機関を社会全体にまで拡大するのである。より優れた劣った者たちの社会は、説明を受けた説明家たちの社会へと完全に変化を遂げたとき、平等なものと

---

(114)『数学』p. 22.

なる、すなわち不平等を縮減し終えていることになるだろう。

ジョゼフ・ジャコトの特異さ、彼の狂気は、この時代、解放という新しい大義、人間の平等という大義が、社会の進歩という大義に変わりつつあったことを感じ取ったことだった。そして社会の進歩とは、まずもって、社会秩序がますます理に適った秩序として認められうるようになることであった。この信念は、理性を備えた個人による解放への努力を犠牲にし、平等の観念が含んでいる人間の潜在的能力を抑圧することでしか発展しえなかった。教育によって平等を促進するために、巨大な機械が動きだしていた。それは体現され、社会化され、不平等化された平等、改善されるのに適した、すなわち委員会に次ぐ委員会、報告に次ぐ報告、改革に次ぐ改革と、延々と先延ばしにされるのに適した平等である。ジャコトただ一人が、このように進歩の下で平等が抹消され、教育の下で解放が抹消されることに思いを及ばせたのである。このことはきちんと理解しておこう。ジャコトの生きた世紀には、美辞麗句を弄する反進歩主義者はいくらでもいた。進歩が疲弊してしまった今の時代の雰囲気のせいで、人は何かと彼らの炯眼に賛辞を送りたがる。だがそれはおそらくあまりの名誉というものだろう。彼らは単に平等を憎んでいたのだ。彼らが進歩を憎んでいたのは、進歩主義者同様、進歩と平等とを混同していたからだ。ジャコトは、進歩を目に見える形で描き出すこと、それを制度化することを、平等の知的かつ道徳的な冒険の放棄として捉え、公教育を解放の喪の作業として捉えた、ただ一人の平等主義者だった。こうした類いの知は恐るべき孤独をもたらす。ジャコトはこの孤独を引き受けた。彼は解放する平等のいかなる教育学的解釈も、いかなる進歩主義的解釈も拒んだ。こうして、彼は「自然教育法」の旗の下に彼の名を隠す弟子たちに次の事実を確認させてやったのだ。この名前、気がふれた者の名前を出すほど強い者は、ヨーロッパには誰もいないという事実を。進歩という虚構の下に葬り去られた、理性を備えた人間たちの平等という、人をからかうようなところがあると同時にまったく望みのない知、ジャコトという名は、この知に与えられた固有名であった。

パネカスティック哲学の物語

この固有名に付与された隔たりを維持する以外にすべきことは何もなかった。ジャコトは次のようにして物事をはっきりさせた。自分に会いに来る進歩主義者に対して、彼は篩を用意していた。彼らが平等という大義のためにジャコトの面前で興奮してくると、彼は穏やかにこう言うのだった。「人は自分の知らないことを教えられるのです」。篩は残念なことにあまりにもよく機能した。それは、指を置かれたバネが必ず元に戻ろうとするようなものだった。彼らは異口同音に「その言葉の選択は適当ではない」と言った。残った弟子のうちごく少数の結束し合う者たちが、「自然的」普遍的教育の教授たちに対して、理想の旗印を保持し続けようと努めていた。弟子たちに対して、ジャコトは彼なりのやり方で、穏健に振る舞った。彼らを二つのグループに分けたのである。一つは、普遍的教育の生徒を知的解放に導こうとする、「ジャコト式学習・教育法」の教育家あるいは説明家の弟子たち。もう一つは、解放の前提のもとでしか教育しない、あるいはまったく何も教えることさえなく、一家の父親たちにどのようにして自分の知らないことを子供に教えるのかを示すことによって彼らを解放するだけにとどめる、解放者の弟子たちである。だからといって、彼が両方を等しく評価したわけではないことは言うまでもない。彼は「普遍的教育による教育を受けてはいるが解放されていない一億の学識ある者たちより、たった一人の、無学でも解放されている者」の方を好んだ。[115] だが解放という語それ自体が、曖昧なものとなってしまっていた。ジラルダンの企てが失敗に終わった後、今度はセプレ氏が自分の雑誌に『解放』という題をつけた。その雑誌には、「国民高等学校」の生徒たちの特に出来の良い答案が、ふんだんに盛り込まれていた。この雑誌には「普遍的教育普及協会」が関与しており、その副会長は資格を持つ教師の必要性と、貧しい一家の父親が自分でわが子の教育に当たることの不可能性を、雄弁に主張していた。だから違いをはっきりさせておかなければならなかった。それでジャコトの雑誌、二人の息子たちに口述筆記させた雑誌――ジャコトの体は、自分でものを書くことができないほど不自由になっていた。もはやまっすぐに起こしておけない頭を支えておかなければならなかったのだ――には、『パネカスティック哲学』誌という表題がつけられた。それをもとに、忠実な者たちは「パネカスティック哲学協会」を創った。この名前であれば、誰も彼から奪おうとはしないだろう。

　我々はこの語が何を意味していたか知っている。一つ一つの知性の発現のなかに、人間の知性のすべてがある、ということである。パネカスティック主義者は抜け目のないソクラテスや無邪気なパイドロスのように言論愛好家である。だが、プラトンの作品に出てくる主要な人物たちと違って、彼は雄弁家の間にも言論の間にもいかなる序列も認めない。彼の興味をそそるのは、反対にそれらの平等を探すことである。彼はどの言論にも真理を期待しない。真理とは感じられるものであり、言葉で言われるものではない。真理は話者の振る舞いに何らかの規律を与えるが、彼が言うことのなかに発現することは決してない。パネカスティック主義者は言論の道徳的価値について評価を下すこともない。彼にとって価値のある道徳とは、話したり書いたりする行為をつかさどる道徳、何かを伝達しようとするという道徳であり、一人の知的主体が言わんとすることを理解することのできるもう一人の知的主体として他者を認識するという道徳なのである。パネカスティック主義者はすべての言論、すべての知性の発現に、ただ一つの目的のために興味を抱く。その目的とは、それらが同じ知性を用いているのを確認すること、それらが相互に翻訳し合うようにすることで知性の平等を確認することである。

それは、当時の論争に全く新しい関わり方をすることを前提としていた。民衆とその能力をめぐる知識人たちの闘争は熾烈を極めていた。ラムネ氏は『民衆の書』を出版した。悔悛したサン＝シモン主義者で『両世界評論』誌の権威、レルミニエ氏は、その書物の一貫性のなさを告発した。一方ジョルジュ・サンド女史は、民衆とその主権の旗を振り上げた。『パネカスティック哲学』誌は

---

(115) 『知的解放』誌 t. III, 1835-1836, p. 276.

これらの知性の発現を一つ一つ分析した。それぞれがある政治陣営に真理の証をもたらすと主張していた。それは公民に関する問題だったが、パネカスティック主義者がそこから得るものは何もなかった。この次々と起こる反駁の嵐のなかで彼の興味をひいたのは、各々が自分の言わんとすることを表現するために用いている技法だった。互いを翻訳し合いながら、彼らがいかにして、古典作品から青ひげの童話物語、あるいはモベール広場におけるプロレタリアの反駁にいたるまで、他のいくつもの詩、他のいくつもの人間精神の冒険を翻訳しているかということを、彼は示したのだった。この技法の探求は文学通の楽しみなのではない。それは一つの哲学、民衆が実践できる唯一の哲学であった。古い哲学は真理を語り、道徳を教えていたのだった。そのためには非常に博識でなければならないと古い哲学は考えていた。パネカスティック哲学は、真理を語りもしなければ、いかなる道徳を説きもしない。そして一人一人が語る知的冒険の物語と同じように、単純で易しかった。「それは我々一人一人の物語である。(…)あなたの職業がなんであろうと、羊飼いであろうと王様であろうと、あなたは人間の精神について話をすることができる。知性はあらゆる仕事に通用する。社会階級のすべての等級で知性は見られるのだ。(…)双方ともに無知な父と子が、パネカスティック哲学について語り合うことができるのである[116]」。

公式の社会および代議制から排除されているプロレタリアの問題は、博識な人や権力者の問題と異なるものではない。そういった人たちと同じように、彼らは平等を認めるという条件の下でしか、語の十全な意味において人間となることはできないのだ。平等は与えられるものでも権利として要求されるものでもなく、実践され、確認されるものである。そしてプロレタリアが平等を確認できるとすれば、それは彼らの擁護者と敵対者が知性において平等だということを認めることによるほかなかった。たとえば、なるほど彼らは一八三五年九月の法律によって制限された出版の自由に関心を抱いていただろう。だが、出版の自由の擁護者がそれを築き上げるために行う論証は、敵対者がそれを斥けるために行う論証以上の力も以下の力もないということを、彼らは認めなければならなかった。一方の者たちは、自由に口に出すべきすべてのことを口に出す自由があることを望む、というような要旨のことを言っていた。もう一方の者たちは、つまるところ、自由に口に出すべきではないことをなんでも口に出す自由があることは望ましくない、と応答していた。重要なこと、つまり自由の表明は、別のところにあった。これらの敵対する立場を支持するために、一方がもう一方から翻訳してくる平等な技法のなかに。このように対比し合うことから生じる敬意、修辞による理性逸脱のただなかにあってさえ行使され続ける知性の力に対する敬意のなかに。相手の死と引き換えに自分こそが正当であり真理を言うのだと主張する思い上がりを放棄する者にとって、話すことが何を意味しうるのかを認識することのなかに。この技法を我が物とすること、この理性を勝ち取ること、これこそプロレタリアにとって重要なことだったのだ。公民である以前に人間であらねばならない。「この闘いにおいて公民としてどのような立場をとることができるとしても、パネ

---

(116)『法学およびパネカスティック哲学』p. 214.

カスティック主義者としては敵対者の精神に感服しなければならない。有権者の階級から締め出され、ましてや被選挙資格者の階級からは当然締め出されているプロレタリアは、自分が簒奪と考えるものを正当だと考えることを強いられてもいなければ、簒奪者を愛することを強いられてもいない。だが、どうして彼の利のために彼からすべてを巻き上げるのかを説明する者たちの技法については、よく検討しなければならないのだ(117)」。

文章の一つ一つ、行いの一つ一つのなかに平等の局面を捉えるという、この常軌を逸した道を執拗に示し続ける以外に、すべきことは何もない。平等は到達すべき目標ではなく、出発点であり、どのような事態においても維持すべき前提なのである。真理が平等を弁護することは決してないだろう。平等はそれが確認されることのなかにしか、また常にいたるところで確認されるという条件でしか、決して存在することはないだろう。平等は民衆にすべき演説なのではない。それはただ会話のなかで示すべき一つの例、あるいはむしろいくつもの例であるのみなのだ。平等は、それを共有しようとする者とともに最後まで守らなければならない、失敗と隔たりの道徳である。「真理を求めよ、されど見出さないであろう、真理の門を叩け、されど開かれないであろう。しかしこの探究は、あなた方が行為することを学ぶために役立つだろう。(…)この泉で飲むことを諦めよ、しかしだからといってそこで飲もうと探し求めることをやめてはいけない。(…)来れ、さらば我ら詩人とならん。パネカスティック哲学に幸あれ! それは物語が尽きることの決してない語り手だ。真理に釈明しなければならないことなど何ひとつなく、想像の喜びに身を委ねる。パネカスティック哲学はこの覆い隠された真理を、それを隠す仮装のもとにしか見ない。下にある顔について悩んだりせず、仮面を見、それを分析するだけで満足するのだ。旧式は決して満足することがない。彼らは仮面を取り除いて喜ぶが、その喜びは長続きしない。程なく取りのけた仮面がもう一つの仮面を覆っていたことに気づき、真理の探求者がいなくなるまで永遠にその繰り返しだ。この積み重なった仮面の除去が哲学の歴史と呼ばれるものである。まったくもって結構な歴史だ！　私はパネカスティック哲学の物語の方を好む(118)」。

解放の最期

一八四一年にジョゼフ・ジャコトの息子、医師のヴィクトルと弁護士のフォルチュネの手で出版された『パネカスティック哲学の遺作論文集』はそのように結ばれている。始祖は一八四〇年八月に世を去った。ペール・ラシェーズ墓地の彼の墓に、弟子たちは知的解放の信条を示す次の言葉を刻んだ。「神は人間の魂を、教師なしにひとりで学ぶことができるようにお造りになったと私は信じる」。このようなことは、それが墓石の上であったとしても、書くことの許されるものではない

(117)『法学およびパネカスティック哲学』p. 293.
(118)『遺作論文集』p. 349-351.

ことは明らかだった。数ヶ月後、碑文は汚損されていた。

この汚損のニュースは、フォルチュネおよびヴィクトル・ジャコトが引き継いだ『知的解放』誌に載った。だが、長きにわたって口述筆記をしてきた者たちでさえ、孤独な者の声に取って代わることはできない。号を重ねるにつれ、リヨン裁判所の代訴人、ドゥヴォレクス氏の手による「御言葉の化身学院」の活動についての報告書が、『解放』誌のなかで徐々に比重を増すようになる。この学院は、前に記したように、ルイ・ギヤール氏がリヨンで運営していたもので、その方針、「教育は「汝自身を知れ」という格言に基づいてなされなければならない」は、彼がルーヴェンを旅したときに学んだものだ。こうして、寄宿生の若い魂たちが実践する日々の内省は、知的修行の成功をつかさどる精神的な強さを彼らに与えていた。

厳格なパネカスティック主義者たちは、一八四二年九月号を読み、解放の教義がこのように奇妙な仕方で応用されていることに動揺した。だが、もはや論議するときではなかった。その二ヶ月後、いよいよ『知的解放』誌が活動を停止した。

普遍的教育が成功を収めることはないだろう、始祖はたしかにそう予言していたのだった。だが、こう付け加えたことも事実だ。それは滅びることもないだろう、と。

訳注

〔1〕 ここで「開かれた」と訳したフランス語 ouvert には、「公然たる」「完結していない」のほか、「開始された」の意味もある。

〔2〕 原文は Ce n'était pas de l'hébreu.（それはヘブライ語ではなかった。）フランス語で C'est de l'hébreu.（それはヘブライ語だ）＝ちんぷんかんぷんだ、という慣用表現をもじったもの。

〔3〕 Jacques de Chabannes La Palice（1470-1525）。その勇猛果敢な戦闘ぶりをたたえたシャンソンの一節、「死の寸前までなお彼は生きていた」から、「パリスの言葉」とは自明の理、分かりきったことを軽蔑的に指す。

〔4〕 Panécastique. ギリシャ語で「すべてのもの」を指す「pan」および「各々」を指す「ekastos」から。

〔5〕 Cela ne me dit rien. 同時に「まったく興味がありません」も意味する。

◉訳者付記

知的冒険のための五つの教え

梶田　裕

本書を一読すれば、それが単に一風変わった教育論をめぐる書物でないことはすぐに分かる。ジョゼフ・ジャコトという、一人の教師の知的冒険を物語るこの書物は、同時に知的冒険一般についての、すなわち思考一般についての書物でもある。その意味では、これは紛れもなく哲学的な書物なのである。本書をひとたび読み終えたなら、ここで「訳者あとがき」と称して、私がこの書物の解説（説明）を行うことは許されない以上、ジャコトの冒険譚が思考に差し出しているように思われる教訓を、いくつかの主要な点にしぼって、私なりのやり方で翻訳することを試みるばかりである。[*1]

1　出来事とその帰結

ドゥルーズは、「真理は、我々に思考するように強い、真理を探すように強いる何かとの出会いに依存する。〔…〕出会いの偶然が、思考されるものの必然性を保証するのである」[*2]と述べた。ジャコトの知的冒険にも、ジャコトにそれを始めることを強いた偶然の出来事がある。亡命先のルーヴェンで、オランダ語を話すことができないために、やむなく『テレマックの冒険』の対訳本だけを生徒たちに手渡し、それをもとに自分たちでフランス語を学ぶようにさせたところ、生徒たちは見事にやってのけたのである。単にこの事実が出来事なのではない。この事実が、それまで不可能とみなされていたものの、そしてジャコト自身も不可能とみなしていたものの、可能性を開いたことが出来事的なのである。偶然の出来事だけが、まさにその予見不可能性によって、不可能であることが自明とされているものの可能性を開くのである。「偶然のみが、制度化し具現化した、不平等への信仰を覆すに足る強さを持つのだ」（一九六頁）。その可能性とは、人は説明する教師なしに何かを学ぶことができる、ということである。ジャコトは、この出来事に「知性の平等」という根拠を与える。しかしこの根拠は、この事実を説明しえる一つの仮説に過ぎない。だからジャコトはそれを「臆見」と呼ぶ。しかし、それは単なる臆見ではない。ジャコトはその臆見が普遍的であること、他の事実によって反証されないこと、そして不平等さえもそれを前提としなければ成り立たないことを示しているからである。それはだから、むしろ公理や公準、あるいは原則と呼ばれているものである。ただし、ここで原則は単に一般的な法則なのではなく、不可能なものの可能性に与えられる名そのものである。原則が、出来事の偶然によって局地的に開かれた新たな可能性を、普遍的なものに結びつけるのである。

普遍的教育は、思考のこの原光景とでも言うべきものを反復する。無知な教師の指示によって生徒に課される強制が、出来事の代わりとなる。「自分たち自身の力で抜け出すことのできる円環の中に閉じ込め」(一八頁)られることで、生徒は不可能なものの可能性、それまで自分には存在しないと思っていたものの存在、すなわち自らの知性を、認識するようにしむけられる。そして、普遍的教育の訓練のすべては、この明かされた知性を、知性の平等の原則のもとに確認していくことなのである。普遍的教育を実践するすべての者が、芸術的ないし学問的な思考の偉大な真理の探究者ではないとしても(しかしながら、ジャコトの教えは、すべての偉大な真理の探究者は普遍的教育を実践しているというものである)、彼らはみな、知性の平等という真理の探究者なのである。

出来事によって明かされた新たな可能性を確認すること、これが、普遍的教育が思考に差し出す最初の決定的な教えである。普遍的な原則を掲げるだけなら、思考は抽象的で空虚なままである。ひとたび原則が肯定されたら、それが確かめられなければならない。この確認は、原則を証明することではない。その帰結を展開することである。「我々にとって問題なのは、すべての知性が平等だと証明することではない。この仮定に基づけば何ができるのかを見ることである」(六八―六九頁)。したがって、普遍的な原則が効果を発揮する「事例」を構築することである。ランシエールはそれを「普遍的なものの特殊化」[*3]と呼ぶ。たとえば、知性が平等であるならば、人は自分の知らないことを教えることができる。普遍的教育の手法の数々は知性の平等という普遍的な原則の特殊化である。生徒の書物との向かい合い、即興訓練、作文、これらそのつど特異な事例のなかで、知性の平等は確認される。思考はこの特殊化された普遍として顕示される。この普遍と特殊の連接は決定的である。それが思考の普遍性を、形式的な普遍性や特殊なものと一般的なものを媒介するコンセンサス的普遍性に還元不可能なものとするのである。思考はその歩みの一歩一歩のなかで、無媒介的に普遍を肯定する。

こうして、思考においては原則と帰結の対が手段と目的の対に取って代わる。平等は、それに近づくための手段を次々と発明していかなければならないような目的ではない。それは宣言すべき出発点であり、思考はその帰結の展開である。「平等は到達すべき目標ではなく、出発点であり、どのような事態においても維持すべき前提なのである。真理が平等を弁護することは決してないだろう。平等はそれが確認されることのなかにしか、また常にいたるところで確認されるという条件でしか、決して存在することはないだろう。平等は民衆にすべき演説なのではない。それはただ会話のなかで示すべき一つの例、あるいはむしろいくつもの例であるのみなのだ」（二〇四頁）。原則を、真理を表明する命題とすることが思考なのではない。原則から導き出される諸帰結を展開し、原則が確かめられる事例を構築することが思考なのである。原則とその帰結の展開が、一つの思考の特異な論証体制を作り上げる。知性が平等であるなら、人は自分の知らないことを教えることができるはずだ、という具合に。しかし、原則はまさしく利用可能な手段のなかでは不可能であるものの可能性を開く出来事によって明かされる以上、その帰結を展開する思考は、手段と目的の対のなかに身を置く者にとってはユートピア的であり、非現実的であり、「狂気」であり、「原理主義的」であるほかはない。逆に思考の力は、原則と帰結の対の論理的な強制力によって、不可能なものの可能性を肯定することにある。思考に対する反動とは出来事の開く新たな可能性を手段と目的の枠のなかで判断することである、と定義することができるだろう（この定義の有用なところは、いわゆる保守／革新といった区別を無効にすることである。後に見るように、革新は反動的でありうるのである）。ひとたび平等が目的となれば、それに近づくためのありとあらゆる手段、すなわち「不平等を漸進的に平等にする方法」が発明されなければならなくなるが、それは「平等を際限なく不平等にする方法」なのである（一九四頁）。

2　真摯さ

思考は出来事によって開かれた可能性の帰結を展開する。この展開のそれぞれが思考の真理をなす。しかし、この可能性そのものは、既存の秩序において利用可能な手段のなかでは不可能である以上、その確実性が決して保証されない仮定的な前提、すなわちそれ自体は証明不可能な原則に基づいている。したがって、真理は想定された前提の仮定的な価値のうえに築かれる。ジャコトは彼の知らないことを教えた。だから、人が自分の知らないことを教えることができるというのは真理である。しかし、その真理は、知性の平等という「臆見」的前提のうえに築かれる真理なのである。だとすれば、確実でないものを手放さないでいるための主観的な態度が必要になる。それは、あらゆる手段が不可能性を宣告しているものの可能性を表明する信念である。ジャコトはそれを「真摯さ」と呼ぶ。「それはいかなる学識の鍵でもないが、各人の真理に対する関係のなかで特権的なものであり、各人を自分の道に、探究者としての軌道に据えるものだ。知る能力の道徳的な基礎なのだ。〔…〕真摯さの実験は、我々をその不在の中心に結びつけ、その焦点のまわりを回らせる。何よりもまず、我々は真理を見たり示したりできる。たとえば「私は自分の知らないことを教えた」

というのは真理である。それは現実に存在した事実であり、再び起こりうる事実の名である。この事実の理由はといえば、それは今のところ一つの臆見であり、事によるとずっと臆見のままであるかもしれない。しかし、この臆見を携えて、我々は事実から事実、関連から関連、言い回しから言い回しへと、真理のまわりを回るのである。重要なのは偽らないこと、目を閉じていたのに見たと言わないこと、実際に見たのとは違うことを語らないこと、そして単に名指しただけなのに説明したのだと信じないことである」（八六―八八頁）。このように、思考は真摯さに従って原則の諸帰結を展開する軌道を描き、その軌道の一歩一歩のなかで真理を語るのではなく、存在させる。というのも、「真理は在るものであり、言われるものではない」（八七頁）からである。真理は、それを確認するための様々な言表や行為を誘発するが、一つの命題によって言い表されることは決してない。真理は新たな知の汲み尽くしようのない源であって、一つの言表の価値には還元されないのである。それぞれの真理の言表の価値は原則の仮定的前提に対する信にぶら下がっているがゆえに、それを確認するための新たな言表、新たな知的冒険が必要なのである。だから、真理についての言表が偽であることを躍起になって示したところで、真理そのものを否定することはできない。知性の事実上の不平等は、知性の平等の真理を否定できない。真理の反対は偽ではない。偽は、ただあれこれの言表について言われるだけである。真理の反対は、真摯さの軌道から逸れること、あるいはそれを妨げること、すなわち不注意である。

以上のことは、思考における孤独さを明かすものである。「我々一人一人が、真理のまわりに自分の放物線を描く。似通った軌道は二つとない」（八八頁）。軌道の一致は愚鈍化の証しである。思考は断固として反討議的であり、反コンセンサス的である。デカルトは言っていた。「私は、学校で行われている討論というやり方で、それまで知らなかった真理を何か一つでも発見したというようなことを、見たことがない」[*4]。思考は自らの軌道を、誰の同意に頼ることもなく、ただ真理から逸れてしまうことがないように注意しながら描き続けるほかはない。思考は、誰かの同意を得ようとか、あるいは誰かを打ち負かしてやろうなどといったことを気にかけないのである。「真理は意識の孤独のなかでしか人間に語りかけはしないのだ」（一三五頁）。真理への忠実さにおいて、一貫していればいるほど、思考は「恐るべき孤独」（一九八頁）をもたらす。思考における真摯さとは、この孤独を引き受ける勇気でもある。

3　真理の詩学と不注意の修辞

真理と不注意は、それぞれ特有の言語体制を持っている。ジャコトは真理のまわりに描かれる真摯さの軌道が発する言語体制を「詩学」ないし「詩作」と呼び、不注意の言語体制を「修辞」と呼ぶ。「ジャコトは、言葉を語る存在の平等の前提のもとで、一人の主体がもう一人の主体に自分の知的冒険――それ自体は決して語られることのない真理のまわりを回る彼固有の旅――を語るための条件を、詩学と定義していました。したがって、二つの基準が詩学と修辞を対立させています。前者は、それが真理を語っていると主張しないときでさえ、真理の前提のもとに語り、後者は、服従やコンセンサスといった、狙った効果によってその有効性が認められる諸規則の適用として言説を考えるのです。詩的であるのは、思考の共有された力を平等の力と同一視する言葉なのです」[*5]。

詩的な言語は、真理の前提のもとに、そこから推論される諸帰結を、真摯さの原則に基づいて展開する論証の言語である。何か事実を目にしたら、その原因を仮定し、他の事実と比べたり結びつけたりしながら、一連の推論をしていく。すべての論証は、一つの特異な軌道をなす。詩的言語は、この軌道を物語り、それをもう一人の言葉を語る存在、自分と同じ知性を持つと想定される存在に伝えるべく、言語を「こねくりまわす」（五八頁）。それは相手を従わせようとか、自分の軌道を押し付けようとかするためではなく、その論証がその真摯さにおいて表現しているものが、もう一人の理性的存在によって推し量られ、理解されて、また新たな知的冒険、その特異な軌道を生み出すためである（九七頁参照）。それゆえ、詩的言語は想像力による不確かな比較やイメージのちりばめられた言語なのではなく、平等の前提のもとに可能となる、真理の言語であり、理性の言語なのである。「理性は、正しさを有する目的で組み立てられた言説の止むところ、平等の認知されるところに始まる。その平等は法や武力によって発令されたもの、そのように受動的に受けられる平等ではなく、実地の平等である。つまり、自分自身に絶えず注意を払い、真理のまわりを果てしなく公転し続けながら、他人に理解してもらうために適切な文章を見つけようと歩んでいく者たちが、一足ごとに確認検証していく平等なのである」（一〇九頁）。

　逆に修辞は、他の知性に理解され、それを語らせるためではなく、それを黙らせるための話法である。「修辞の原理は戦争である。そこでは理解を求めるのではなく、ただ敵対する意志を消滅させようとするばかりだ。修辞は語る存在の詩的条件に反逆する話法である。修辞は口を閉ざさせるために話す。「お前はこれ以上話すな、これ以上考えるな、これこれをせよ」というのが修辞のプログラムである」（一二六頁）。これは、すでに言及した政治という思考領域における反動的主体のプログラムでもある。そんなことは非現実的であり、ユートピアであり、原理主義的であるから、そんなことは言ってないで、行動せよ、投票せよ、党に入れ、労働組合に加入せよ、これこれの政治結社の門を叩け。修辞が議会的政治に典型的な言語体制であることは偶然ではない。修辞の効果は、その論証の展開や長さではなく、「天秤を傾ける一言」によって決まる。それは、相手の言わんとすることを理解し、相手に自分の言うことを分かってもらおうとするのではなく、ただ相手を失格させるためだけに発せられる言葉である。デカルトは、先の引用に続けてこのように言っていた。「だれも相手を打ち負かそうと賢明になっている間は、双方の論拠を考量するよりも、真実らしさ〔vraisemblance〕を強調することに努力している」[*6]。だから、相手を打ち負かすための一言が、しばしばその否定的な価値がコンセンサスによって共有された言葉、論証なしに押し付けることのできる言葉から選ばれることに何ら不思議はない。「反ユダヤ主義者」、「ファシスト」、「全体主義者」、「原理主義者」、「テロリスト」。そのうち、哲学を失格させるために、ソクラテスを「小児性愛者」と糾弾する日が来るかもしれない。そしてまた、そうした言葉に愚鈍な者たちが賛同を表明して叫ぶ。今日、それを叫ぶ（あるいは「つぶやく」）ためのメディアはいくらでもある。そしてそうするのを学ぶことは、思考することよりもずっと簡単なのである。これらはすべて、知性の不平等の話法である。お前は誰々が何々と言っていることも知らないのか。ならば語る資格はない。ドゥルーズは、哲学史が「抑圧者の役割を演じ」、人が思考することを妨げる際の論法を、こう言い表した。「プラトンも、デカルトも、カントも、ハイデガーも、それから彼らに関して某々が書いた書物も読んだことがないで、どうやって思考しようというのですか」[*7]。権威主義は、論拠には注意を払わず、ただあれこれが引用されていないから、あるいはある哲学者をもう一人のある哲学者に結びつけているから、あるいはその目を通して解釈しているからという理由で、相手から思考への権利を剝奪する。あるいは「不偏不党」を装って、「いき過ぎ」やら「近視眼」やらを「報告」し、自らの「慧眼」と優越を表明する（一六八頁）。こうした知性は、「優越に寄与するもの、他の知性を無に帰せしめるものしか見ない」知性、「他の知性が見ようとするのを妨げることで他の意志を破壊することを自らの仕事とする」知性である（一二二頁）。しかしジャコトによれば、思考の基本的な作業は、一つの事実を他の事実と結びつけることにある。それがどんな事実であっても構わない。問題は、それらを注意深く観察し、連接を築き上げること、すなわち論証することである。だから思考を検証したければ、その論証が不注意なものとなっていないかどうか、見たもの、読んだものを、見ていないあるいは読んでいないことにしていないか、あるいは見ていないこと、読んでいないことを、見たあるいは読んだことにしていないかを、無知な教師のやり方で確かめていくほかはない。どの事実をどの事実と結びつけなければならないか、あるいはどの事実とどの事実を結びつけてはならないのかを押し付けることは、愚鈍化の論理である。真実らしさを求める雄弁家は、「総合文に総合文で対抗し、展開に展開で対抗するのは、最も凡庸な敵対者というものだ」（一二七頁）と言う。真理のまわりを回る思考にとっては、この凡庸さだけが、思考と思考の対話を可能にするものなのである。

4　思考の共同体

思考の孤独さは、だから、思考の対話を不可能にするわけではない。問題はその様態である。それが討議やコンセンサスの確立というような様態ではありえないことはすでに明白である。思考の対話は、理性的な個人と個人の間で、知的平等の前提のもとにしかありえない。しかし、社会に理性はなく、平等な社会は存在しない。それゆえ、いかなる社会的な制度ないし機関も、それ自体としては、思考の対話の場とはなりえない。思考の共同体の最小かつ最大の単位は、一対一なのである。しかし――ここでランシエールはジャコトの思想をわずかに屈折させているのだが[*8]――この一対一の関係が増殖し、社会の論理を突き破って出現することは可能である。「どんな社会秩序においても、理性に従うことはすべての個人に可能〔である〕。社会が理性に適ったものとなることは決してないが、理性的瞬間という奇跡なら社会にも起こりうる。それは知性が一致する瞬間ではなく――それでは愚鈍化になってしまうだろう――、理性的な意志がお互いを承認する瞬間である」（一四五頁）。思考の共同体は、だから「平等な者たちの共同体」以外のものではありえない。ランシエールはこの共同体の可能性に二つの条件を与えている。まず、「それは到達すべき目標ではなく、初めに立てられ、絶えず立て直される前提である」こと。そして第二に、「それは社会的制度機関の形では成り立ちえない」ことである。というのも、「この共同体は、それを確認するという、絶えずやり直されなければならない行為にぶらさがっている」からである[*9]。

ここから、今日ますます活発になっている、教育改革や大学における研究の未来、新たな教育・研究機関の構想をめぐる果てしのない議論について、いくつかの教訓を引き出すことができるかもしれない。思考における自由、すなわち解放は、こうした社会制度機関がいかなる改善を施されたところで、決して保証されはしないだろう。それどころか、教育機関を増やし、様々な科目、目的、対象となる学生に応じて分化させることで、改革の論理は、「説明を担う機構を社会全体にまで拡大する」（一九七頁）ことになるだろう。人文学のような、社会的な有用性の定まりにくい分野においては、批判精神の形成であるとか、生きるために必要な教養であるとか、他者の文化の理解であるとか、多かれ少なかれ善意からでてきたスローガンが掲げられたが、それも、説明なしには人はこれらのものを獲得できないのだとする、愚鈍化の論理に組み込まれてしまう。教育は支配的な論理への従属を準備するためのものではなく、それに抵抗するための知識を与えるためのものである、と言えば聞こえはいいが、それらは結局、知性の不平等の同じ前提を共有している。ランシエールは、「なんらかの知識一式が、労働界向けに教育されることを可能にする手段を与えるとか、ある者たちが冗談抜きに「批判精神の形成」などと呼んで憚らないものを提供するとかと言い張っている論理がありますが、この手の論理はすべて不誠実なものです」[*10]と言う。その理由は明白である。この論理は、平等を到達すべき目標にすり替える。ということは、それは知性の不平等を前提としている。そして「この原則が正当と認められれば、当然の成り行きとして、そこから導き出される帰結は一つしかない。知的な特権階級《カースト》による愚かな群集の指揮監督である」（一九四頁）。しかしこの論理は、不平等を再生産し続けるこの指揮監督に、平等の実現のための手段の様相を与える。かくして、この論理は「帰結を拒みつつ原則を認める」（同所）ものである。今日、資格が我々の社会のなかで持っている地位とその機能の仕方は、我々の社会がどれほど教育学によって侵食されているかをよく示している。何をするにも資格がいる。こうして、人間の社会的活動のすべてに、「説明の体系」、そして「試験の体系」が拡大される。状況は、旧式と進歩主義が協同していた、ジャコトの時代と同じである。「旧式は以後、それによる説明を受け、それが用意した階梯を気高くのぼっていく以外のやり方で学ぶ自由を、数々の試験を課すことでますます制限していくだろう。教師が全知であることと生徒が教師に決して追いつきえないこととをすばらしくよく表現する改善された試験は、以後、知性の不平等が行使する、避けて通ることのできない力として、社会のなかを自分自身の足で歩こうとする者の道にたちはだかることになるだろう」(一九二―一九三頁)。学位についても事情は同じである。それは、一人の人間の知性については何も語らないかもしれないが、その者が一通りの説明体系と試験体系をくぐり抜けた者であることは保証してくれるのである。

だから、ジャコト゠ランシエールは、思考の自由に関しては、こうした制度機関に何も期待しないように我々に告げる。それはまた、こうした制度機関の環境がどれほど劣悪なものとなっても、思考の自由を行使することは常に可能であるということでもある。我々一人一人のうちでなければ、解放され解放することを「妨げることができるほどたくさんの憲兵たちがいるなどということは決してない」(一九〇頁)。一人の探究者が一冊の書物を読み、他の探究者の言わんとすることを理解しようとし、また自分を理解してもらうために言葉を選び、誰かに語りかけるとき、一人の教師が、自らの知的冒険を語り、そこで生徒が自らの知的能力を見出し、それを用いて彼固有の知的冒険に身を乗り出すとき、知性と知性が、互いの平等の前提のもとで格闘するとき、思考の自由はそのつど実行されている。だから、教育機関で教鞭をとる者たちを糾弾することが問題なのではない。あるいは、一人の思想家が権威的な制度機関で講演したから、国家主催の講演会でスピーチしたから、さらにはただ本を出版して売っているからといって、彼を「体制のイデオローグ」だとか「文化商品」だなどと言って騒ぎ立てるのは、知性（いかなる場であれ聞きにくる者の知性が自分と平等であるという前提のもとに講演する者の知性だけでなく、同じ前提のもとにそれを聞きにくる者たちの知性）に対する侮蔑以外のなにものでもない。そのうえ、単に自分の知らないことを教えれば、それで解放することができるわけではない。自分が本当には知らないことを、自分の立場上の権威を利用して生徒に教え込んでいるような「愚鈍な」教師を想像することはできないだろうか。そもそもランシエール自身、彼の教師生活において、知らないことを教えていたとは思えない。たしかに、自分の知らないことを教えることができるという可能性のなかで、知的平等は最も強力に肯定される。だからといって、それは知的解放のためのレシピなのではない。知性の平等はすべての自由な思考の前提である以上、その名に値するすべての思考において、この可能性は維持されなければならない。根源的には、それは自身の知性、そして他者の知性に対する信頼の表明なのである。ランシエールは言う。「私自身に関して言うと、大学に私の講義を聴きにくる人たちは、それぞれ異なる考えでそこにいるわけですから、私は一〇とか一五とかの異なる考えの間を動き回らなければならないのです。その際私が念頭においているのは、大切なのは、事の終わりに学生たちが自らに発見し、自分自身のためにはたらかせることになる能力であり、この能力がどのように呼び起こされえるのかについてはいつまでたっても決定されないという気持ちです[*11]」。解放はプログラムではない。しかし、他者の知性を信頼し、その知性に自らの知的冒険を語る言葉を投げかければ、この言葉の予測可能なあらゆる効果を越えたところで、解放は常に可能なのである。

このように、二つの知性が互いの平等を認め合い、点と点を結ぶようにその数が増殖すれば、平等な者たちの共同体、「理性的瞬間という奇跡」が、社会にも生じえる。政治、科学、芸術などの思考の諸領域において（バディウなら、そこに恋愛を付け加えるだろう）、歴史のなかに出現したこうした「瞬間」を分析することは興味深い作業となるだろう。たとえば、一九六〇年代のフランスで起こった、哲学的な思考の生産の比類ない強度を、このような瞬間として解釈することは可能かもしれない。サルトル、メルロ＝ポンティ、カンギレーム、イポリット、ヴァール、バルト、ラカン、アルチュセール、レヴィ＝ストロース、フーコー、ドゥルーズ、デリダ、その他多くの固有名が、直接的な立役者として、あるいは彼らの師や指導者として、この奇跡を可能にした。そしてこの奇跡は、バディウ、ランシエール、バリバール、ミレール、ミルネール、ナンシー、ラクー＝ラバルトといった、新たな世代も生み出すこととなった。哲学的には最後の知的な事件とも言えるこの運動の中心にあったのは、ユルム街の高等師範学校という、制度的機関という観点からは世界のなかでも最もエリート主義的で、最もアルカイックな機関の一つであった。しかし、彼らはときに互いを擁護し、ときに互いを賞賛し合い、そしてときに互いを激しく批判し合いながら、それぞれ独自の軌道を描き、一つの巨大な哲学的星座を出現させたのである。そこに解放された幾人かの編集者、無数の解放された読者が加わったことは言うまでもない。若手だ大家だといった地位や実生活上の親しさなど関係なかった。彼らは自分たちの師に背き、自分たちの友人に異を唱えた。だから彼らの関係はしばしば不幸な終わりを迎えた。にもかかわらず、彼らは思考における孤独さにおいて結びついていた。だからこそ、彼らの思考が開いたシークエンスの熱狂が冷め、「新しい哲学者」なる者たちが現われると、彼らは共通の敵を見出した。晩年には、デリダはあれほど激しく敵対していたバディウに、「いずれにせよ、僕らには同じ敵がいる」と言った。どんな社会のなかでも、平等な者たちの共同体という奇跡の瞬間は起こりえる。我々（つまり知性の平等を信じるすべての者）は、このような瞬間のために仕事をするのではないだろうか。ジャコト＝ランシエールは、思考の未来は我々一人一人の真摯さにかかっているという、かくも当たり前のことでありながら、今日かくも見えづらくなっていることを、我々に思い起こさせてくれるのである。

5　思考の勝利

思考における勝利の問題は、思考そのものの規定に内在する複雑な問題である。思考が勝ち取る勝利とはいかなるものなのか。当然、それは社会的な勝利、つまり社会のなかで認められたり、制度となったりすることではありえない。社会的勝利ということであれば、思考にはいかなる勝利もありえないとさえ言うことができるかもしれない。ジャコト＝ランシエールは、「普遍的教育が成功を収めることはないだろう」（二五六頁）と断言する。「解放された議会や社会というものはありえない」（二四八頁）し、「いかなる党派も政府も軍隊も、いかなる学校も教育機関も、決してただの一人も解放することはない」（二五一頁）からである。社会は必ずや理性から逸脱する。問題は、そのなかにあって理性を保つこと、そのなかで自らの知的冒険を続けること、それを他者たちに語り聞かせること、それによって他者の知性と意志を語らせることである。「社会、民族、国家は常に理性を逸脱したものであり続けるだろう。だがそのなかで、個人としては理性を用い、公民としては可能な限り理性を保ちながら理性から逸脱する術を見つけることのできる者たちの数を増やしていくことはできるのである」（一四八頁）。そして、個人が理性を保っていれば（それは知性の平等を信じるという以外のことではない）、それが何かをきっかけに、社会の論理のなかに、それとは異質な平等な者たちの共同体を、たとえつかの間だとしても、出現させることもありえる。「〔…〕理性が力を取り戻し勝ち誇るこの瞬間のためなら、アッピウス・クラウディウスから彼よりも巧みに理性から逸脱する術《アート》を学びまでして、あんなにも長い間、また一見したところあんなにも無益に、自らの理性を保ってきた甲斐があったというものだ。社会の理性逸脱のなかで理性が自らに忠実であり続け、そこで効果を発揮することのできるような、理性のあり方というものがある。そのためにこそ励まなければならない」（一四六頁）。それが「知的解放の唯一の可能性」（一六〇頁）である。知的解放が理性から逸脱した社会のなかで効力を持つための可能性であり、社会のなかで理性から逸脱することを余儀なくされた個人に知的解放がもたらす可能性である。平等な者たちの共同体の瞬間に向けて、知的平等の原則を保持し続けること、それは一人の人間が遵守しなければならない行動指針、デカルトの表現を借りれば、「暫定的道徳 morale par provision」である。焦って、「普遍的教育を改革党派の綱領のなかに入れ」たり、「知的解放を蜂起の旗印にし」たり（一五〇頁）、「社会機構の歯車のなかに普遍的教育の手法を組み込んでしまおう」（一六〇頁）としたりしてはならない。しかし、知性の平等が個人によって、そして個人の間で確かめられるその度ごとに、思考の勝利が現実にある。「不平等主義の狂気の奥底にあってさえ、人はいつでも知性の平等を確認し、この確認が効果を発揮するようにできるということは夢想ではない。アウェンティヌスの勝利は確かに現実なのだ。そしておそらくその勝利は、普通考えられているところにあるのではない。平民が勝ち取った護民官たちは、他の者たちと同じように理性から逸脱するだろう。しかし、どんな平民でも自らを人間だと感じ、己が、また己の息子が、そして他のすべての者が知性の特権を行使することができるのだと信じること、それはとるに足りないことではない」（一四七―一四八頁）。

しかしながら、そんな平等など何の役に立つというのだろう。それが、社会のなかでは「理性を保ちながら理性から逸脱する」ことでしかないならば。それがいかなる社会的な制度を創設するものでもなければ、いかなる社会的権力をもたらすものでもないのなら。それが結局、同じように理性から逸脱する社会に行き着くことになるのなら。平等をあらゆる社会制度から切り離すそのラディカリズムは、「政治的」には何ももたらさないのではないか。実際、ランシエールの思想をその政治的実効性の観点から批判する論者は少なくない[*12]。しかし、平等な者の共同体について、その勝利について、もっと近くから見てみなければならない。ランシエールは、「アウェンティヌスの勝利は確かに現実なのだ」と言っていた。この勝利の政治的実効性はいかなるものなのか。

始めから始めることにしよう。ランシエールは、知性の不平等に基づく社会、それぞれが占める場＝地位に応じて、それに相応する知性が分配され、その分配がそれぞれの行動様態および存在様態を定めているような社会を「ポリス」と名付ける。だからそこでは「自分自身の仕事以外は何もしては」ならず、靴屋であれば、その存在のすべては、靴を作り、靴を作る子供を作るという行為に集約される（五二頁）。この分配が、出自や能力の生得的な差異に基づけられるにせよ、あるいは単に教育の「遅れ」に由来する差異に基づけられるにせよ、説明体系がこの分配を根拠づけ自然化する。平等の論理、すなわち厳密に政治的な論理は、まさにこの分配を中断することとして定義される。平等の宣言は、思考する者と思考しない者、優れた知性と劣った知性の分配、そしてこの分配に対応する、公的な事業に携わる資格のある者とその資格のない者の分割を攪乱する。かくして、平等は社会の説明体系による支配の正当化を棄却し、支配の無根拠性を露呈させる。そして、行動様態、存在様態、地位の間の適合に従って形成される諸集団からなる共同体の上に、その集団のいかなる分配とも合致しない超過の集団として、平等なものの共同体を重ね合わせる。平等は、公の事業に参加する資格がないとみなされている者たち、つまり「分け前のない者たち」が、その分け前を表明することである。それが、政治的な主体としての人民を生み出すのである。「人民とは、いかなる実際的な資格ももたない――富ももたなければ徳ももたない――にもかかわらず、それらを所有している者たちと同じ自由を認められるような者たちの、未分化な集まりにほかならない。というのも、民衆〔gens du peuple〕は他の者たちと同様に自由であるだけだからだ。〔…〕デモスはその固有なる分け前として、すべての市民に属する平等を自らに付与する。そして同時に、いわゆる部分というわけではないこの部分は、その非固有な固有性を共同体の並ぶものなき原則と同一化し、その名――質《カリテ》＝身分なき人間たちの区別のつかない集まりの名――を共同体の名そのものに同一化する。というのも、自由――それは単に、他のもの（取柄や富）を何ももたない者たちの質＝身分である――は同時に共通の徳として数え入れられるからである。それはデモスが――すなわち質＝身分のない人間たち、アリストテレスが言うところの「何の分け前にも与ることのなかった」者たちの事実的な結集が——同形異義性によって共同体の全体に同一化することを可能にする」[13]。共同体のなかで「数に入っていない」者たちは、誰のものでもあり誰のものでもない自由を我がものとし、自由において「誰でもが誰でもと平等である」という普遍的な原則によって、全体に一致する部分、普遍的な特異性となる。そして自分たちを排除している「デモクラシー」の「デモス」の名を、自分たちのものとして要求するのである。「すべてであるような無」として、人民は、共同体の部分を定め、その総計を共同体の全体と一致させるポリス的な計算を転覆するのである。

　このように人民は、固有性、質による分割に、存在の事実性の類的普遍性を対立させている。それが、ジャコトによるデカルトのコギトの定式の逆転が持つ、政治的な意味である。「我思う、故に我在り」は、思考する者と思考しない者の分割を前提とするポリス的な政治の領域においては、思考しない者の共同体からの端的な排除を意味する。ジャコトはこの定式を、「我人間である、故に我思う」とすることで、人間として存在することが、直接思考の肯定であるようにする。「主体「人間」は「コギト〔我思う〕」の平等のうちに含まれる。思考は考える実体の属性なのではなく、人類の属性なのである」（五五頁）。だからこそ、平等は何も特別な資格を持つことなく、ただそこにいる者たちの結集を、共同体の全体と同一化する一つの普遍的な政治的主体とすることができる。このような主体は、共同体の構成要素を利益、資格、固有性などの社会的なカテゴリーに従って分類する代表制の政治の論理を逃れ去り、この論理が定めている分割を撹乱し、再編成することができる。国家にその超越的な権力を与えている代理《ルプレザンタシオン》の論理は、現前《プレザンス》の論理によって内側から突き破られる[14]。ただし、人類への帰属が保証する平等は、未規定な集団の空虚で理念的な潜在的可能性なのではない。すでに見たように、平等は、それが確認されることにおいてしか存在しない。平等の普遍性は、一人一人の人間が、そのつどそれを「特殊化」する事例を構築していくことでしか、いかなる実効性も持ちえない。それゆえ、平等な者たちの共同体は、個人が平等を確認していく偶然的なプロセスのなかでしか確立されえない。こうして、なにゆえ平等が社会ではなく個人に割り当てられているのかが理解されるだろう。平等の個人性は、個人を孤立させ、それ自身のなすがままにさせるアトム化なのではない。反対に、その個人性だけが、平等の確認のなす軌道が、既存の社会秩序における諸カテゴリーに囚われることなく、それを横断し攪乱することを可能にするのである。翻って、平等の個人性ないし主体性の原則を放棄し、平等を社会化ないし客体化してしまえば、今日「民主主義的」と呼ばれるほとんどの国でそうであるように、平等は社会的な諸カテゴリーによって分類される集団間の利害関係の調和を意味するに過ぎなくなるのである。

では、この平等主義的ないし解放的政治の物語すべてのなかで、何が「勝利」なのか。平等が、個人をその社会的なカテゴリーによる同定からずらし、平等な者たちの共同体を社会的な整合性のない共同体として生じさせるとき、この新たな集団とともに開けるのは、新たな政治の可能性、国家による共同体の諸部分の利害の計算から自由に距離をとった政治の可能性である。「平等は、ただ単に、ポリスに対する政治の蜂起を抽象的に定めるだけの公理なのではありません。それは、集団の管理運営に関わるあらゆる生活様式のなかで、効果を発揮するのです。つまりそのなかに、〔平等の〕事例の構築の新たな所与、新たな可能性を入り込ませるのです[*15]」、とランシエールは言う。平等な者たちの共同体が社会のなかに開く新たな空間のなかでのみ、特定の集団の利害関係を離れた普遍的な言表、そして行為が実践可能となる。それらの言表の一つ一つ、行為の一つ一つが勝利なのである。アウェンティヌスの丘に平民たちと話をしにいくメネニウス・アグリッパ、「我々奴隷は、自分たちのところへ帰ることを望む」と宣言するスパルタカス、フランス国内で生まれ、あるいはそこに居住するすべての者に、政治的主体としての資格を認めるロベスピエール、法廷で自らを「プロレタリア」と称するオーギュスト・ブランキ、一八四九年の立法議会選挙で、被選挙権が男子にしか認められていないにもかかわらず立候補を表明したジャンヌ・ドゥロワン、「公的な事業の指揮を自らの手中に収める」ことを決断することで、その政治的能力を表明するパリ・コミューンの労働者たち、「ここにいる者はここの者である」と宣言するサン・パピエの労働者たち。それが社会のなかで辿った運命がいかなるものであれ、平等の確認に結びついた、これらすべての言表、すべての行為は、紛れもなく現実的な勝利である。単にそれが、わずかな間でも平等主義的で普遍的な政治を出現させたというだけでなく、それが新たな事例の構築のために蘇らされ、それを支えるからである。バランシュはアウェンティヌスの丘の物語を語り直し、スパルタカスの名は、歴史的なコンテクストをこえて、トゥーサン・ルーヴェルチュールとローザ・ルクセンブルグの解放的政治の試みに結びついた。パリ・コミューンは以後すべての大革命の参照項となった。ジャコトにとってそうであったように、そしてアウェンティヌスの丘においてアグリッパが知性の平等の事例を生じさせるためには、まず平民たちがこの丘に立てこもらなければならなかったように、平等の宣言は出来事によって強制されると同時に、[*16]それ自体が新たな出来事の参照項となる。「宣言は、すでに生じた出来事、その宣言をすでに書かれたもの、すでに強制されたものとして構成する出来事を反復する。この宣言はそれ自体、反復に役立つように、反復が平等の新たな出来事として生み出しうるものに役立つようにできている」[*17]。それゆえ、平等の出来事はそれ自体、平等の出来事を前提とする。平等の出来事がその宣言を強制できるのは、それ自体が平等の前提のもとにあるからであり、平等の特殊化した事例を反復しているからである。「平等が社会組織のなかに書き込まれるのは、〔…〕その前提を書き込む出来事を呼び起こすことによって、そしてそれを新たに舞台にのせることによってでしかない。この舞台化は、なんらかの基盤を拠り所としているのではなく、「かつてあった」を根拠としている。そしてこの「かつてあった」は常にもう一つの「かつてあった」を参照しているのである」[*18]。平等にそれを基礎づけてくれるような究極的な根拠などない。法は平等の保証とはなりえない。平等はただ、その特殊化の事例を確認し反復する行為のなかにのみ存在しうる。この意味では、平等の事例の一つ一つが、不滅であり永遠であると言うこともできるだろう。それは、不平等がそうであるような、単にいつまでもなくなることなく存続するというだけの、弛緩した経験的永続ではなく、その威力がいついかなるときでも、そして誰によってでも、再活性化され、実効性を持ちうるという、超時間的利用可能性である。それゆえ、ジャコトとともに、我々はこう言うことができる。「普遍的教育が成功を収めることはないだろう。だが、それは滅びることもないだろう」。平等が確認されるそのつど特異な事例のなかで、我々は普遍的かつ永遠の真理を感じ、それを経験する。だから、きわめて理性的な楽観主義をもってこう宣言することができる。思考は常に勝利する、と。

5 bis. 敵対者の同定

このように、思考の社会的実効性が、つまり平等の政治的実効性が定められたうえで、なおもこの実効性それ自体をめぐるランシエールの思想に批判を投げかけることはできるかもしれない。平等な者の共同体がいかなる社会的カテゴリーに基づくものでもなく、法的制度に基づくものでもないとしても、あるいはむしろそうであるがゆえになおさら、その社会的実効性が語られるためには、その組織化の問いが省かれるわけにはいかないだろう。どのようにして、どの社会的なカテゴリーとも一致しないような集団は可能になるのか、その組織化の論理、あるいは規律はどのようなものなのか。ランシエールは、平等の政治の歴史的「事例」を分析するにとどまっていて、きわめて特殊なこの集団の存在様態に関して、理論的ないし存在論的な探究をしてはいないように思われる。ランシエールが、政治のあらゆる存在論化を拒絶していることはよく知られている。平等なものの共同体は、人間の共存在の存在論的真理のようなものを実現するものではありえない。政治的共同体と人間の隠れた（あるいは忘却された）存在論的真理を一致させることで平等な者たちの共同体を運命的なものとするこの目的論的な図式は、政治の無根拠性を取り逃がし、存在様態と行動様式との合致を断ち切る解放的政治を不可能にしてしまうだろう。だがそのことは、社会のポリス的存在論に対する政治的存在論の異他性の理論的探究を妨げるものではない。政治的集団が、社会的集団の論理とは異質であるにもかかわらず、社会のなかに出現し、そこで効果を発揮することができるためには、それはなんらかの仕方で存在しなければならない。したがって、政治的集団を、それを非現実的なユートピア、あるいは単なる名（「プロレタリア」は、いかなる特定の社会的集団も同定しない限りにおいて、一つの名に過ぎないが、そうであるがゆえに、それは既存の同一性の分配を攪乱するある特別なタイプの集団を組織化するために、現実に機能する名なのである）とするような批判に委ねないためには、この存在の異他性を内在的に規定する唯物論的な存在論が必要なのである。

いずれにせよ、支配的論理とのこの異他性を維持することが、あらゆる思考の実効性にとっての賭け金である。ジャコトによれば、もし解放の論理が社会的集団を統べる不平等の論理に取って代わり、それ自体社会の論理となるようなことがあれば、それは自らの反対のものにならざるをえない。解放の論理は、社会の論理との緊張関係のなかで、社会のなかにその軌道を描く。ランシエールにおける政治とポリスの緊張関係についても事情は同じである。この緊張関係を、「妥協」や「共犯関係」と混同しないよう注意しなければならない。平等の社会的論理に対する異質性から、平等が社会のなかで完全には実現できない以上、その漸進的な実現に甘んじるほかないという結論を引き出してはならない。政治のポリスに対する緊張関係を明らかにするために、「人民」の概念を例に取ろう。政治哲学においても、西洋のほとんどの言語の日常的な使用においても、peupleの概念が両義的であることはよく知られている。それは一方で、統一的な政治体としての市民の集合、すなわち人民主権、日本国民〔peuple japonais〕などという場合の「人民」であり、もう一方で、下流階級の構成員、すなわち社会的カテゴリーとして規定された「民衆」である。ランシエールにおける政治的主体としての人民は、このいずれにも還元されない。人民は、社会的な一カテゴリーではなく、政治的共同体は、ある共同体における部分の総体ではない。「私にとって、人民とは政治的主体の名、すなわち、住民を計算するあらゆる論理、つまりその部分およびその全体を計算するあらゆる論理に対する追加〔supplément〕の名です。それが意味しているのは、部分の集結、変動し続ける集団的身体、主権のうちで具現化される理想＝理念的身体などといった、人民についてのあらゆる観念に対する隔たりです」[*19]。分け前のない者としての人民が、「貧者」や「排除された者」といった社会的カテゴリーとしての「民衆」と一致することがあるとしても、それらが政治的主体としての人民となるのは、それらが自らのカテゴリーの外に出ること、それとは別のものでもあることを示すことによってである。政治的「人民」が存在するのは、それを社会的カテゴリーや法的ないし国家的な理念的実体として同定する論理に対する異他性においてのみであり、政治的行動とは、この異質性を展開することである。

ここから、敵対者の二つの形象を同定することができる。一つは、ごく単純に、このような人民の存在を否定することである。それは分け前のない者の分け前を否定することにほかならない。知的解放においては、それは「旧式」と呼ばれていたものに相当する。旧式は、端的に、知性の平等を否定するからである。

もう一つは、そのような人民の存在を認めつつ、それが現実的な実効性、「政治的な」実効性を持つためには、社会の論理、ポリスの論理と「共犯関係」に入るしかないとする論理である。人民は、それ固有の利益において同定され、議会空間のなかで代理されなければならない。そのためには、彼らが社会のなかで受けるべき正当な地位と、その地位に応じて彼らがなしうる正当な要求を定める能力のある指導者が必要である。これが「左派」の形象である。バディウの定義を借りるなら、左派とは「人民による特異な政治的運動の全体的な帰結を唯一担う能力があると宣言する、議会的な政治の関係者の総体」[20]である。これは、ジャコトが「進歩主義者」と名付けたものに正確に対応する。彼らは平等を認めるが、それを説明を不要にする原則としてではなく、説明の改善によって実現すべき目標とする。そのためには、無知な父親や母親の代わりに子供の教育を引き受ける機関が必要であり、最良の教育法の選出とその改善に携わる教育法協会が必要である。

ジャコトが的確に見てとったように、この二つの形象は「共犯関係」にある。「公教育」を、この共犯関係が生み出した強力な社会機構とみなすこともできるだろう。公教育のなかで、旧式と進歩主義者は不平等の永続化と正当化のために協同する。「仕事の分担は次のように行われていた。進歩主義者は方法論や特許、雑誌や定期刊行物に従事し、説明の改善を果てしなく改善していくことで説明への愛を維持し、旧式は教育機関や試験に従事し、説明を行う教育機関の揺るぎない基盤を管理運営し、社会的制裁の権限を握る」(一八八頁)。したがって公教育とは、「不平等を漸進的に平等にする方法、すなわち平等を際限なく不平等にする方法」(一九四頁)であり、こうして「産業家の作る新しい教壇と進歩主義者の抱く輝かしい啓蒙的信念とに支えられ、旧式は常に勝ち誇る」(一九五頁)ことになる。同様に、左派は平等の宣言がなされると、その平等を目的にすり替え、その目的が漸進的に達せられるための手段を指定する。移民の子供たちの学業上の挫折とそれに伴って生じる不平等は、彼らの置かれている社会的な状況を考慮しないカリキュラムや説明体系に基づいている。だから、彼らが社会のなかで彼らにみあった場と成功を見つけることができるように、社会における彼らの一般的な行く先にあった教育をしなければならない、という具合である。こうして左派はポリスの改善を提示するが、それによって、各人がその社会的な同一性や役割に応じて、「正当な」地位と分け前を享受する、不平等な社会の構築に貢献することになるのである。

このことが、今日における左派の衰退を説明する。左派は体制側（慣例に倣って「右派」と呼ぶこともできる）と同じ前提、不平等の原則を肯定しつつその帰結を拒むがゆえに、不平等の原則を肯定しつつその帰結も引き受ける右派に対して論理的一貫性において勝つことができず、また、左派は結局のところ右派と同じ帰結を「人間の顔をした」マスクのもとで差し出すだけなので、彼らに希望を託す者たちを常に裏切り続けざるをえないからである。社会における不平等が激しくなればなるほど、平等への希求が左派に糧を与え、平等主義的政治の可能性が潰されていく。それゆえ、ジャコトにとって進歩主義者が旧式以上に恐るべき敵対者であったように、今日、左派は解放の政治にとって寡頭主義的な支配者階級以上に恐るべき敵対者である。しかも、ジャコトが持っていたような「節」は、政治には存在しないだろう。あらゆる「社会運動」は、平等を確認し、分け前なき者の分け前を支持する政治ともなりえるし、左派の論理に回収され、ある共同体に固有の権利や地位向上を表明するだけのものともなりうる。ランシエールは、「政治的省察と行動が現在陥っている行き詰まりは、私の考えでは、政治をある共同体に固有のものの表明と同一視していることにある」[*21]と言う。それは、法治国家や人権といった、大きな共同体に固有の原則とみなされているものに従っての要求でもありえるし、マイノリティーの同一性といった、小さな共同体に固有のものの要求でもありえる。ところで、「ポリスの原則は、共同体に固有のものの実現として提示されるということである」[*22]。したがって、そのつど左派による回収から逃れることができるかどうかが、解放的政治の賭け金なのである。そのためには、一つの社会運動や政治運動のなかでなされる様々な行動、発せられる様々な言表、用いられる様々な論証に注意深くあらねばならない。最近マドリードで起きた若者たちの大規模なデモは、右派的にせよ左派的にせよ、たいていのメディアでは単に若者の高い失業率という問題に片付けられた。しかし、バディウが指摘したように、[*23] そこでは「僕らはここにいるけど、結局問題は世界中の人に関わることだから、僕らはいたるところにいることになるんだ」というようなことが言われていた。またこのデモは、結局右派の圧倒的勝利に終わった地方選挙に平行して行われていた。つまり彼らは、単に議会による代理の論理の空間のなかに現われる代わりに、ある広場に直接現前することを選んだ。したがって、そこには若者の失業問題とされることでまったく見えなくなってしまう政治的言表と行為が確かに存在するのである。こうした言表や行為がいかなる運命をたどるかが、一つの社会運動の運命を決定するのである。そして、こうした言表や行為を共同体に固有のものの表明の論理のなかに押しつぶしにやってくるのが左派なのだ。アラブ世界における最近の「革命」に関しても同様である。たとえば左派はこの革命を、このアラブ民族たちの西洋的民主主義の希求や生活の向上の要求と解釈する。「彼らは〔つまりこの後進的な民族は〕我々のようになりたいのだ。だから助けてやらなければならない」。だが、彼らが主張していたのは、彼らの生きる国の運命を、自分たちの繁栄しか考えない独裁者たちと、その体制を維持してきた西洋諸国から引きはがし、自分たちの手中に収めることである。彼らは遅れているどころか、我々の前にいる。したがって、この革命を支持することとは、彼らが我々のような民主主義を持つことができるように助けてやるとか、ましてや軍隊を送り込んで空爆するように要請するとかといったことではありえない（このような介入の帰結は、西洋諸国にとって都合のいい顔ぶれだけは新たな政府を据える以外のことではありえない）。それは、我々それぞれの「ここ」において、彼らに倣って行動し、人民の権力を構築することであるだろうし、その権力をもって、彼らによる人民の権力の構築を阻止しようとするあらゆるものに対して圧力をかけることであるだろう。だから、この革命を賞賛しながら左派が言うこんな言葉にも、人民の権力を対立させなければならない。「あなた方がした蜂起はすばらしい。でも今や現実を見るときだ。暴動ばかり起こしていても事は進まない。我々に任せておきなさい。あなた方の要求をまとめて、政府との対話をお引き受けしましょう」。

社会運動を、その真理を唯一読み解くことのできる知識階級による指導というヴィジョンから引き離そうとするランシエールの努力は、ランシエールの政治観を、組織化された運動に対して本能的、自然発生的な運動を肯定するという単純な図式に還元するような誤解も引き起こした。だがランシエールは、彼自身が六八年五月の「戯画的解釈」を記述するために用いた表現を借りるなら、「ギターを持った長髪のヒッピーたちの陽気な憂さ晴らし」[*24]の思想家ではない。社会的に排除されている者たちが蜂起すれば、それで政治になるわけではない。それはしばしば彼らの同一性の表明に終わってしまう。そうではなく、その行為、言表、論証が、いかなる政治的な舞台を構築しているか、いかなる政治的普遍、つまり平等の特殊化された事例を構築しているかが問題なのである。「主体たちは、彼らが事例を構築する仕方によって、彼らの行動を普遍化します。このレヴェルにおいてこそ、政治的主体は単に民族的、社会的、宗教的、性的といった共同体に過ぎないものから一線を画すのです」[*25]。つまり、問題は組織対本能的運動ではなく、組織対組織なのである。そうでなければ、パリ郊外の暴動に対してランシエールが取った態度は理解できないだろう[*26]。本能的な蜂起と、その左派的回収のわずかな間隙に、一つの政治的行動の命運がかけられている。

＊

本書の翻訳に際して、『感性的なもののパルタージュ』に引き続き、法政大学出版局の郷間雅俊氏のお世話になった。彼の「注意」と「真摯さ」がなかったら、そして我々訳者の知性に対する彼の信頼がなかったら、この知的冒険はずっと不注意なものになっていたと思う。ここに感謝の意を表したい。また、いつもながらこの知的冒険を語る私の言葉に耳を傾けてくれたマリに感謝する。

注

＊1　以下本書からの引用はすべて各引用後に括弧内で指示する。
＊2　*Proust et les signes*, PUF, coll. « Quadrige », 1964/2007, p. 25.
＊3　*Et tant pis pour les gens fatigués*, *Entretiens*, Editions Amsterdam, 2009, p. 126.
＊4　『方法序説』、谷川多佳子訳、岩波書店、一九九七年、九一頁（訳は一部変更）。
＊5　*Et tant pis pour les gens fatigués*, *Entretiens*, *op.cit.* p. 65.
＊6　デカルト、前掲書、九一頁。

*7　*Dialogues*, Flammarion, 1996, p. 19-20.

*8　「ジャコトにとって、平等は個人間の知的平等でしかありえませんでした。それはいかなる社会的な確かさを持つこともありえなかったのです。〔…〕すべての平等主義的政治は、この挑戦に直面しているように私には思えました。平等を、目的としてではなく、公理ないし前提として肯定すること、しかし同時に、知的平等と社会的不平等の分割を棄却することです。つまり、平等の前提は、たとえそれが実際に社会における集団化の社会的論理とは異質であるとしても、社会のなかで侵犯的に表明されえると考えることであり、政治とはまさにこの侵犯的侵入そのものであると考えることです」（*Et tant pis pour les gens fatigués, Entretiens, op.cit.*, p. 150）。

*9　*Aux bords du politique*, Gallimard, coll. « Folio/Essais », 2004, p. 162.

*10　*Et tant pis pour les gens fatigués, Entretiens, op.cit.*, p. 128.

*11　*Ibid.*, p. 128.

*12　最低限有意義なものとして、スラヴォイ・ジジェク（『厄介なる主体——政治的存在論の空虚な中心』1・2、青土社、二〇〇五—二〇〇七年）とピーター・ホルワード（« Jacques Rancière et la théocratie ou Les limites de l'égalité improvisée », in *La philosophie déplacée — Autour de Jacques Rancière*, Horlieu, 2006, p. 481-496）の名を挙げることができる。

*13　*La mésentente*, Galilée, 1995, p. 27-28.

*14　このことは、今日の西欧諸国における移民排斥の動向とそれに伴う国家同一性やその諸価値の称揚の状況のなかで特に意味を持つ。そこで問題になっているのは、国の構成員を決めるのは国家であるのか、それともある領土内の住民が国の構成員となるのかの問題だからである。代表制は、国家が存在してよいものと存在してはいけないものを選り分けるための論理にほかならない。というのも、そこでは国家の構成員であることは、単に在ることではなく、代表されていることだからであり、逆に言えば、代表

されていないものは存在しないからである。そして代表可能なものを定めるのは国家なのだ。それゆえ移民たちは、彼らが一つの国のなかで社会的、経済的、文化的に為している貢献がいかなるものであれ、国家の定めた代表可能性の規範のなかに入っていない限りにおいて、国家のなかには存在してはならず、いつでも排除することができるのである。

*15 *Et tant pis pour les gens fatigués, Entretiens, op.cit.*, p. 127.

*16 このことが、普遍的教育における平等の確認と社会における平等の確認との微妙だが決定的な差異をなす。普遍的教育においては、無知な教師の強制が出来事の代わりになるとしても、この出来事は平等を直ちに社会のなかに書き込むわけではない。したがって、平等は個人にとって前提であればよく、平等の確認は個人対個人の意志のなかでなされればよい。また、教師の強制により生じた平等の出来事を確認するための参照項となる、平等の事例としての書物は、個人に平等の宣言を可能にするとしても、それを強制するわけではない。それゆえ、普遍的教育の社会的実効性は、普遍的教育のプロセスそのものからは導き出されない。平等の宣言が社会のなかで聞き取られることを強制するためには、平等が社会のなかに闖入する出来事が必要なのである（以上の点については、*Aux bords du politique, op.cit.*, p. 163 以降を参照）。

*17 *Aux bords du politique, op.cit.*, p. 167.

*18 *Ibid.*, p. 171.

*19 *Et tant pis pour les gens fatigués, Entretiens, op.cit.*, p. 291.

*20 *L'Hypothèse communiste*, Lignes, 2009, p. 156.

*21 *Aux bords du politique, op.cit.*, p. 114.

*22 *Ibid.*, p. 115.

*23 二〇一一年五月二十五日のゼミにおける発言。なお、バディウのゼミは、現在以下のサイトで聴くこ

とができる：http://www.diffusion.ens.fr/index.php?res=cycles&idcycle=509

＊24　*La parole ouvrière*, La fabrique, 2007, p. 322.

＊25　*Et tant pis pour les gens fatigués, Entretiens, op.cit.*, p. 126.

＊26　この点に関しては、『感性的なもののパルタージュ』（法政大学出版局、二〇〇九年）に付されたインタビュー、八二―八三頁を参照。

訳者あとがき

本書は Jacques Rancière, *Le maître ignorant : cinq leçons sur l'émancipation intellectuelle*, Paris, Fayard, 1987 の全訳です。原書の副題は「知性の解放についての五講」とも訳せるものですが、邦題ではよりシンプルにしました。翻訳の底本には、二〇〇四年に刊行された《10/18》叢書版を用いました。

著者のジャック・ランシエールは、哲学、美学、文学、政治学などを横断しながら、そうした領域のあいだに引かれた分割線に疑いをつきつけ、あらたなパースペクティヴのもとに再編成してみせるといった、刺激的な仕事を重ねてきました。本書は、そうした領域横断を促している原理そのものを示しているといえるかもしれません。『無知な教師』は、十八世紀後半から十九世紀前半にかけて生きたジョゼフ・ジャコトなる「教師」をめぐるエッセーという形をとりながらも、人間の知性について根底的な思索を繰り広げています。ジャコト＝ランシエールによれば、あらゆる知性の行使、あらゆる表現行為は、「翻訳」だということになります。本書もまた、ランシエールによるジャコトの「翻訳」だといえるでしょう。本書の典型的な語りには、ジャコトの思考を地の文に取り入れ、直接の引用ではないけれどジャコトの目をとおして著者が語る形の自由間接話法が用いられています。この書き方は三六頁や七四頁から七六頁にかけて、ほか随所にみられます。さらに本書に特徴的なのは、どこからどこまでがこの自由間接話法なのか判然とせず、ジャコトの思考の表現なのか著者であるランシエールの思考の表現なのか、もはや判別不可能なほど両者の境界が巧みに無化されている点です。このような語りによって、ジャコトについて物語る物語的言説と自らの思想を論証する理論的言説との境界もまた無化されます。

本書の翻訳の作業は、まず堀がすべてを訳し、梶田氏がその全体を検討して新しい案をだし、さらに私がそれを読んで練り直し……といった具合に、対話の積み重ね、あるいは翻訳し、翻訳し返す行為という形をとりました。ジャコトの言葉を翻訳することで自分の思考にあらたな言葉を見出していったランシエールはまた、その言葉がさらに翻訳し返されることで、あらたに生命を吹き込まれるのを願っていたように思います。そうした発話は、読者の知性への信頼なしには成り立ちません。言葉ではすべてを言いつくせないけれど、それでも言葉をつくすことに最大限の注意をはらう。そうすれば、相手の最大限の注意を喚起しきっと理解してもらえると信じる。なぜなら、相手の理解とは、こちらの発した言葉を推し量って今度は相手が表現すること、すなわち翻訳し返すことなのであり、それが可能なのは、相手もこちらと平等に知的であるからだ――というのが、ジャコト＝ランシエールの主張であるように思えます。そうであるなら、唯一の真理を言い表すことはなくとも、無限に続く翻訳と翻訳の仕返しの第一歩として、今回のような共訳の形は本書の理念そのものに沿うようになされたといえそうです。私自身、本書の翻訳作業を通じて、ひとつのテクストと数年にわたって真剣に向き合い、私以上に真剣に格闘しているもう一人と語り合ううちに、じわじわと喜びがこみ上げてきました。誰かが言おうとしていることを推し量ろうと努める、それを自分の言葉で表現しなおそうとする、また別の誰かがそれを受けて、同じように投げ返してくれる。そのようにして他者の知性と幾重にも交流しあうという体験そのものが、相手の言いたいことをうまくつかめない、それに相応しい言葉を見出せないといった表面的なもどかしさを超えて刺激的であり、何より喜びでもあったのです。もしかすると、私たちの注意が足りなかったために翻訳し損ねた箇所もあるかもしれません。ただ、原理的にいって、ランシエールの言葉を完全に翻訳することはできません。その意味で、翻訳に終わりというものはありません。『無知な教師』という書物があらゆる方向に光を放っているとすれば、ランシエールのフランス語に対応する日本語を作り出そうと努めながら、訳者たちはそこから新しい放物線を描いたのだと思います。そして今度は読者の方一人一人がこの翻訳作業に参加してくださることを心から願っています。

この点に関連することですが、訳注については、純粋にフランス語の語彙や成句に関わるものに限定してつけました。そのほかは何に対して注をつけるかという選択は恣意的にならざるをえず、その選択権を訳者が持つことは「知的平等」の理念にそぐわないと考えたからです。訳注が極端に少ないと思われるかもしれませんが、読者諸賢に自由に調べていただくことを願います。

私事で恐縮ですが、梶田氏から共訳の誘いがあったのは、娘がちょうど一歳の誕生日を迎えた頃でした。さっそく本書を読んでジャコト＝ランシエールの思想に衝撃を受け、ぜひ一人でも多くの日本の読者の方たちとこの発見を分かち合いたいと興奮を覚えました。母語をはじめ、誰が説明をするわけでもないのに日々学び、知性を発現させていく幼い子供を目の当たりにしている私に、人は生まれながらに知的であり、しかも平等に知的であるという主張は、たしかに説得力のあるものでした。

幼い子供と身近に接する機会のある方は誰でもそう思われるでしょうが、彼らの注意力の強さには、目を見張るものがあります。たゆまず世界を観察し、熟考する。それにひきかえ、「教育を受けた」私の眼はなんという節穴で、慣習化した知性はなんと腑抜けたものでしょう。ジャコト＝ランシエールの言うように、子供は注意深く観察し、自分で真似してやってみます。さらにそれをさまざまに変化させて試し、失敗してはやり直し、ほかのものと関連づけ、論理的な体系を見つけようと考えます。「おへそ」は「へそ」とも言えるなら、「おもちゃ」は「もちゃ」と言えるはずではないか？「ほっかいどう」も「ほっきょく」も遠いなら、「ほっ」は「遠い」を意味するのではないか？ また文字を覚えるのに、大人がひらがな一覧表を与えて教える必要はありません。暗記したお気に入りの絵本の音と文字を照合し、自分で学びます。幼児はまだ説明体系の中に入っていません。いえ、私はあえて子供にできるだけ説明することを避けてきました。だって、どうして私の方がよりよく知っているなどといえるでしょう。自然科学や宗教や、その他教養とは無縁の幼なごは、ただ自分の目に見えるもの、耳に聞こえるもの、体に触れるものを通して、この世界を知ろうと一生懸命です。私たちが学校で教わるのとはまったく違ったやり方で、自分で、自分のまわりの世界のさまざまな言語に耳をすまし、聞き取っていきます。そして今度はそれらの言語を自分で使ってみます。その認識の鋭さや正確さには大人のほうがはっとすることも多く、子どもの知性が大人のそれよりも決して劣ったものではないことに気づかされます。

幼児はその普遍的に発揮される強度の注意力ゆえ、知性が平等に発現する状態にあります。しかし「知性の平等」というジャコトの仮説を信じるなら、いくつになっても学ぶのに遅くはないはずです（言うまでもなく「生涯学習」とは何の関係もありません）。自分とすべての他者とが平等に知的であるなら、すべての言葉および人の手になる物から何かを読みとることができるはずだし、自分が発する言葉、自分が作る物によって相手に何かを伝えることができるはずだからです。これは今回、共訳の作業を通じて私が経験したことでもあり、またほかのどんな作業にもいえることでしょう。この仮説を受け入れ、知性の緊張感を保つならば、世界は違ったものに見え、その知的冒険はやむことがないはずです。

本書が、専門的知識の有無にかかわらずすべての知的な人、すなわちすべての人に宛てられていることをあらためて強調しておきたいと思います。原著はジャーゴンに満ちた難解な哲学書とは無縁な、比較的読み易い、ときには物語るようなといってもいいフランス語で書かれています。願わくは、数多くの読者のみなさんが、本書の学びをそれぞれの日常の知的冒険において実践されんことを。

最後に、つねに励まし助言を与えてくれた夫に、そして活発な知性の輝きをもって私を覚醒してくれる娘に、感謝を捧げます。

二〇一一年七月

堀　容子

《叢書・ウニベルシタス　959》
無知な教師
知性の解放について

2011年　8月　8日　　初版第1刷発行
2019年11月20日　新装版第1刷発行
2023年　3月20日　　　　第2刷発行

ジャック・ランシエール
梶田裕・堀容子 訳
発行所　一般財団法人　法政大学出版局
〒102-0071 東京都千代田区富士見 2-17-1
電話 03(5214)5540 振替 00160-6-95814
組版: HUP　印刷: 三和印刷　製本: 積信堂

Printed in Japan

ISBN978-4-588-14052-5

著　者

ジャック・ランシエール（Jacques Rancière）

1940年，アルジェに生まれる．パリ第8大学哲学科名誉教授．1965年，師のL.アルチュセールによる編著『資本論を読む』に参加するが，やがて決別．1975年から85年まで，J.ボレイユ，A.ファルジュ，G.フレスらとともに，雑誌『論理的叛乱』を牽引．現在に至るまで，労働者の解放や知性の平等を主題に，政治と芸術をめぐる独自の哲学を展開している．著書に，『プロレタリアたちの夜』『無言の言葉』『文学の政治』ほか多数．邦訳に，『不和あるいは了解なき了解』『民主主義への憎悪』（インスクリプト），『感性的なもののパルタージュ』『解放された観客』（法政大学出版局），『イメージの運命』（平凡社），『アルチュセールの教え』（航思社），『言葉の肉』（せりか書房）ほか．

訳　者

梶田 裕（かじた・ゆう）

1978年生まれ．早稲田大学大学院文学研究科フランス文学専攻博士課程単位取得満期退学．文学博士．早稲田大学非常勤講師．専門はフランス現代詩および哲学．訳書にデリダ『シニェポンジュ』，ランシエール『感性的なもののパルタージュ』『解放された観客』（法政大学出版局）がある．

堀 容子（ほり・ようこ）

1974年生まれ．東京大学大学院人文社会系研究科欧米系文化研究専攻博士課程単位取得満期退学．専門は現代フランス小説．共訳にル・クレジオ「探求の文学」（『現代詩手帖特集版 ル・クレジオ　地上の夢』思潮社）がある．